ZHONGWAIMINGRENDEQINGSHAONIANSHIDAICONGSHU

甘地 尼赫鲁

中外名人的青少年时代丛书

主编／林乾

编著／邱立君 徐景芬 袁学哲

山西出版传媒集团

山西人民出版社

图书在版编目（CIP）数据

甘地　尼赫鲁 / 邱立君，徐景芬，袁学哲编著. —太原：山西人民出版社，2012.6

（中外名人的青少年时代丛书 / 林乾主编）

ISBN 978-7-203-07670-4

Ⅰ.①甘… Ⅱ.①邱… ②徐… ③袁… Ⅲ.①甘地，M.K.（1869~1948）—生平事迹—青年读物②甘地，M.K.（1869~1948）—生平事迹—少年读物③尼赫鲁，P.J.（1889~1964）—生平事迹—青年读物④尼赫鲁，P.J.（1889~1964）—生平事迹—少年读物 Ⅳ.①K833.517=5

中国版本图书馆 CIP 数据核字（2012）第 067321 号

甘地　尼赫鲁

编　　著：邱立君　徐景芬　袁学哲
责任编辑：李　颖
助理编辑：董文强
装帧设计：陈　婷

出 版 者：山西出版传媒集团·山西人民出版社
地　　址：太原市建设南路 21 号
邮　　编：030012
发行营销：0351-4922220　4955996　4956039
0351-4922127（传真）　4956038（邮购）
E-mail：sxskcb@163.com　发行部
sxskcb@126.com　总编室
网　　址：www.sxskcb.com

经 销 者：山西出版传媒集团·山西人民出版社
承 印 者：运城日报社印刷厂

开　　本：890mm × 1240mm　1/32
印　　张：8
字　　数：130 千字
印　　数：1-5000 册
版　　次：2012 年 6 月　第 1 版
印　　次：2012 年 6 月　第 1 次印刷
书　　号：ISBN 978-7-203-07670-4
定　　价：15.00 元

中外名人的青少年时代丛书

编 委 会

编者的话

时光在流逝，生命在燃烧。当我同理想和希冀相伴的青少年时代依依惜别，即将步入厚重的中年时，一种“人生几何”的感喟时常萦绕于怀。遥忆往昔贫寒的童真岁月，仍愿咀嚼那涩涩的酸楚中播撒出的永生不灭的希望之火。

幼年的时候，家乡总共不过百种物品的“百货店”里，竟有一个柜台是专门售书的。在这里，我发现了牛顿，知道了高尔基，认识了列宁，记住了鲁迅。记得那是小学三年级的事。一天放学回来，一位女同学悄悄地对我说：“供销社来了一本好书，去看看!”我们一同跑到柜台前，一看是《闪闪的红星》，价格是 3 角 5 分钱，这在当时是 7 个鸡蛋的价钱。我一连三天，每天放学都要去看一看那本书，很怕被别人买走。第四天，我终于鼓足勇气，对母亲说明了缘由。我怯生生地站在母亲面前，好长时间母亲没有说话，母亲那慈爱的目光一直留在我的脑海里。我拿着 3 角 5 分钱，终于如愿买回了那本书。“那一年，我 7 岁，听大人们说，闹革命了……”一晃，20 多年过去了，当我面对苍老的母亲时，仍会清晰地记得买书的情景和书中的故事。

今天，当我踏上生于斯、长于斯又阔别多年的故土时，先要找回的还是少年的梦。还是那个位置，还是那个供销社，房屋早已翻盖一新，店主当然不再是戴着近视眼镜、眼睛一眨一眨的老师傅。除“大件”外，几乎和城里的物品一样丰富，应有尽有。可柜台里再也找不到一本书。当我看到读初一的侄子和读小学五年级的侄女的书架上，课外书几乎都是机器猫、卡通之类时，喉咙里似乎有什么东西难以下咽，心里沉甸甸的。时代不同了，教育的内容、目标和对象都在发生变化，社会改革和财富增长无疑是一个时代的进步，我没有恋旧癖，更无意美饰贫乏的年代。但当怀念起童年少年时代那种难以忘怀的景象时，内心深处总觉得我们这个社会在走向富裕的路途中还应弥补一些遗憾——强健精神的遗憾。

人无法超越生命的自然极限，但可以超越生命本身。人类正是通过他们的创造将自己的文明史推向前进。当我驻足在色彩斑斓的历史画卷前，分明感受到伟大人物的人格力量和生命的另一种延续。……毫无差错却被外公毒打；不是为了几枚铜板而是为了证明自己的勇气在棺木上睡觉；为了生生不灭的理想在阴暗的面包房里读书：这一幕幕情景仿佛伏尔加河畔不屈的少年高尔基就站在我的面前，与苦难的命运抗争。出身贵族家庭却自幼身残的拜伦，在高贵与卑贱的矛盾中让内心的苦楚升发出一种倔强、刚毅和力量。苦难的确是人生的最好教科书。当他们用心灵慢慢消受种种不幸时，也在创造一种辉煌和永恒。“青年如初春，如朝日，如百卉之萌动，如利刃之新发于硎，人生最可宝贵之时期也。”每一次记起陈独秀《敬告青年》中的这几句话，都有一种催人奋发的鞭策力量。对于不再拥有生命自然时段上的青少年时期的我，真想让心灵再走一番青少年的路：热爱生命吧！因为生命是一次性“消费”；珍惜青春吧，让青春的亮点变成一片光明，普照以后的所有生命里程。

影响人类文明史的中外名人在他们有限的生命里，创造了辉煌和永恒。他们的许许多多成功在青少年时代就奠定了基础，他们在青少年时代就怀有救国救民、立志创业的信念，这种信念强烈地影响了他们的一生。名人成功以后的事迹为人们所熟知，但他们成功之前的历史却鲜为人知，这方面的材料也很缺乏。本书对名人的家世、家教、兴趣爱好以及对其一生有影响的人和事等着墨颇多，尤其探究了中外名人之所以成功的主客观因素，我们由衷地希望这番努力对成长中、探索中的青少年会有所裨益。

林 乾

目　录

甘　地

尼赫鲁

甘地

如果我们能发展意志力，我们就会发现我们不再需要武装力量了。

——甘地

童年时代

英国对印度的侵略是从商业贸易开始的，1757 年英国对印度进行武力征服，最后奴役了整个印度。英帝国主义对印度人民在工业、农业、资源乃至思想领域进行了支配和控制，1877 年英国维多利亚女皇宣布自己为印度女皇。印度正式成了英国的殖民地。

在整个半封建殖民地时代，印度人民陷入了痛苦的深渊，愈来愈多的人在吃、穿、用方面越来越感到困难，人们生活得不健康、不卫生、过于拥挤，肮脏、饥饿和病弱的幽灵在印度的国土上到处猖獗。根据 1921 年人口普查的结果，印度人的平均寿命估计约为 24 岁，这在世界上是最低的平均寿命，每 1000 人中有 48 人死亡，也许是世界上最高的死亡率之一。

那时，全体印度人民，除卖国贼以外，都遭受到最恶劣和最残酷形式的殖民压迫、掠夺和剥削。经济抢劫与掠夺的方式是隐蔽的，而政治压迫、强制与统治的方式则是公开而赤裸裸的。国家被侮辱，民族受歧视，印度人被当作“几乎没有丝毫文明和文化”的野兽和家畜一样来对待。英帝国主义者对印度人民的态度充满了傲慢的优越感、粗鲁、藐视和轻蔑。作为一个国家的印度，作为个人的印度人，世世代代、年复一年地遭受到充满侮辱和轻蔑的待遇。比如说，他们无权在洋大人面前骑马，无权进入洋大人旅游乘坐的火车车厢，而且也无权在白人餐馆里进餐。

印度人民不甘忍受英帝国主义对印度的殖民化侵略，他们对帝国主义的掠夺、抢劫、破坏、诡计和欺骗从愤慨发展到仇恨程度，他们举起了反抗的旗帜，进行了军事斗争，给予敌人以有力的打击。许多爱国志士，为印度的独立而不屈不挠地奋斗。

在印度西部的卡提阿瓦半岛上，有一个紧邻海滨的波尔邦达土邦（在今古吉拉特邦），其都城也称波尔邦达尔，甘地家族在这里世代经商。

印度是个有着几千年封建历史的国度，使印度人的生活落后了好几千年的种姓制度，在印度的社会文化中占着重要地位。

印度的社会分为四种等级——婆罗门、刹地利、吠舍和首陀罗。种姓的一般形式是：婆罗门和刹地利构成上等阶层，吠舍是中等阶级，而首陀罗则是在某个特定的社会受剥削最严重的阶级，主要是被捕的战俘。从那时起，种姓制度就支配着印度社会各阶级与各社会集团之间的关系。

甘地的家族属于班尼亚种姓，班尼亚种姓属于吠舍种姓，原先是零售商人，但从甘地的曾祖父开始便弃商从政，连续三代担任卡提阿瓦几个小土邦的首相。甘地祖父乌云昌德·甘地，别名奥塔·甘地，原来也是卡提阿瓦的土邦首相，后来因为某种政治纷扰被迫离开了波尔班达尔。

甘地的祖父早年丧妻，后又娶妻。前妻生了 4 个孩子，后妻又生了两个儿子。这 6 个兄弟当中，第 5 个名叫卡朗昌德·甘地，别名卡巴·甘地；第 6 个就是杜尔希达斯·甘地。这兄弟两个先后担任过波尔邦达的首相，第 5 个兄弟卡巴·甘地就是我们这本书的主人公甘地的父亲，他是当时王府法庭的法官，这个法庭在当年是一个调处酋长及其族人之间纠纷的极有势力的机构。

甘地的父亲连续结婚 4 次，每次都是因为前妻去世。他在头两次婚姻中养了两个女儿，他最后的妻子普特丽白生了 1 女 3 男，甘地就是当中最小的一个。

甘地的父亲没有受过什么教育，却非常有经验。他只能达到古遮拉特文五年级的水平，他没有学过史地，但他丰富的实践经验却使他有足够的能力解决最困难的问题，能够管理成千上万的人。

在甘地的眼里，他父亲是一个“忠勇侠义、慷慨大方、热爱宗教”的人，只是性情有些急躁。甘地的父亲也是一个正直廉洁的人，对于本邦忠心耿耿，在家庭内外极为公正。甘地全家信奉印度教，他的父亲没有受过多少宗教训练，但却受到宗教文化的深刻影响。

甘地的母亲是一个深深信奉宗教的人，在甘地眼里，他母亲是个非常圣洁的人。如果有一天没有做祷告，她就不想进食。去神庙参拜，是她每日必行的事，只要她发下誓愿，她始终信守不渝，即使在有病的时候，也从不借故失愿。

在甘地的自传中，甘地说，有一次她母亲在履行“昌德罗衍那”誓言的时候，忽然病倒了，但她却不许病魔间断她禁食的誓愿。甚至连续禁食两三次，在她也不算什么。在四个月的禁食期中，每日只吃一顿，已是习以为常的事。还有一次在“查士摩”禁食期间，她竟每隔 2 日绝食一天。还有一次，也是在 5 个月的禁食期间，她竟许愿不见太阳不进食。阴天的时候，甘地和兄弟们总是望着天空，等候太阳一出现就赶紧报告给他们的母亲，可等他们的母亲一来了，那捉摸不定的太阳又隐没到云层中了，但母亲却心安理得地说："不要紧，这是上帝不叫我今天吃饭。"

甘地的母亲很有见识，熟悉国家大事，连贵夫人们都非常推崇她，甘地幼时常跟随母亲出入土邦王公宫廷，还记得她和本邦王公的寡母进行过多次生动的谈话。

甘地的父母笃信宗教，对甘地影响很深，他从小就接受了父母的仗义疏财、扶危救难的思想影响，极端厌恶杀生，连虫蚁也不愿去杀害。甘地的这种思想贯穿他以后的行为，他非暴力的反对英国殖民者的行为，他的作为道德家特质的主张，无不深深地打着宗教虔诚的烙印。

1869 年 10 月 2 日，甘地在波尔邦达出生了，并在那里度过了童年。

1876 年甘地的父亲离开波尔邦达到拉奇科特去做王府法庭的法官，甘地上了那里的小学。童年时期的甘地是个性情胆小、害羞、内向、诚实的孩子。甘地说那时候他智力迟钝，学习算术乘法也很费力。

在中学一年级的一次考试时，一个督学来校视察，并测验学生 5 个单词是否拼得正确。甘地其中一个字拼错了，老师用脚尖碰他，暗示他去抄袭坐在他身边的一个学生石板上的写法，但是甘地根本没理解老师的暗示，他以为老师站在那里是防止大家抄袭的，结果全班只有甘地一个人写错而挨了批评。诚实的甘地是永远学不会抄袭的。

那时候，甘地无论对师长或同学从来没有为任何事说过一句谎话，他总是非常害羞，常常避开别人，书本和功课是他唯一的伴侣。每天按时到校，一放学就跑回家。他害怕和别人讲话，害怕别人取笑他。

甘地在那时候是个认认真真的学生，由于不愿意受老师的责问，每次都认真地完成功课。他对老师非常尊重，完全遵从老师的吩咐。

有一次，甘地看了一本有关一个叫斯罗梵纳的孩子怎样孝顺双亲的剧本，剧中的场面有斯罗梵纳用带子背着双目失明的父母去朝圣，这个情景在甘地幼小的心灵中留下了不可磨灭的印象。他暗暗告诫自己：“这就是你应当效法的榜样。”

还有一次他看了一出叫做“哈立斯昌德罗”的戏，戏中的人物深深地打动了甘地的心，他自问：“做人为什么不应当像哈立斯昌德罗那么诚实呢？”他下决心要像他那样服从真理，为了真理可以经受住一切考验。

在甘地13岁那年，父母决定他们兄弟3人同时结婚，童婚既是印度教的习俗，同时也是为了节省和方便，因为，印度教徒结婚是一件非常浪费而麻烦的事。

新娘是一个叫加斯杜白的和甘地同年龄的女孩子，她是一个文盲，秉性纯朴、自立、耐劳。甘地对妻子很专制，未经他准许，加斯杜白就不能随便出门。倔强的加斯杜白不堪忍受这种做法，她决意随时要到她爱去的地方，甘地越是限制得紧，她越发坚持自由行动，因而他们之间常常引起矛盾，常常互相不理睬。后来，甘地对自己这种做法深为后悔，并且责备了自己。

甘地还是非常喜欢加斯杜白的，他教她识字，想叫他的妻子成为一个理想的妻子，是要她过一种纯洁的生活，使她的思想和生活同甘地一样。

加斯杜白虽不识字，但对甘地后来的事业却帮助很大。

婚后，甘地的功课一度跟不上班，只得留级一年，他是深受童婚之害了。不过总的来说，甘地在学校总是很得师长们的宠爱，学校每年都给甘地的父母寄来成绩单和操行单，甘地从来没有得过不好的评语，他在第二年考试以后还得过奖，到了第五年级和第六年级，他还分别得到了

4 个卢比和 10 个卢比的奖学金。

甘地对自己的操行是非常小心维护的，只要有一点小小的过失，便会使他流泪。当他受到老师的责备的时候，便非常受不了。

有一次，上午上完了课，甘地回到家里去侍候他的老父亲，但下午又不得不从家里赶回学校去上体育课。他没有表，那天又是阴天，他弄错了时间，等他回到学校以后，发现老师和学生们已经下课，全都走了。

第二天，校长齐米检查点名簿，发现他曾缺席，便问甘地旷课的原因，甘地只好据实以告，但校长不相信他的话，罚他交纳一个或两个安那。

甘地因受到怀疑和误解而极端痛苦地大哭起来，这使他极为伤心。从此他便悟到：一个诚实的人也必须是一个谨慎的人。后来甘地的父亲亲自写了一封信给校长，说明需要甘地在放学后回家，罚款最后被撤销了。

那时年少的甘地学习很勤奋，老师为了弥补他因结婚而耽误的一年学业，让他跳了一班。

开始甘地学得很吃力，许多地方不明白，他想退却，可是一想到这样不但自己丢脸，老师的面子也过不去，于是他就坚持下来。由于他的勤奋努力，后来就感到一切都很容易了。

在学校的时候，学生还要学习语文，那时他们学的是梵文。甘地觉得这门课枯燥乏味，比较难记忆，便跑到较温和的波斯文老师课堂上去学习。梵文老师很难过，把甘地叫到身边说："难道你忘了自己是毗湿奴信徒父亲的儿子吗？怎么连自己的宗教的文字都不学了呢？如果你有什么困难，为什么不来找我？我要尽力把你们的梵文教好。只要你继续读下去，你就会发现其中有无穷的趣味。你不要灰心，还是回到梵文班上课吧。"

甘地又回到梵文班上课了,他成年以后,对这位梵文老师一直充满感激之情。因为学了梵文,便可以研读经典了。

年少的甘地在老师和同学眼里是个诚实本分的好孩子，但他也和同年龄的其他孩子一样，也有过因不成熟、幼稚单纯而犯错误的时候。

甘地在同学当中，身材矮小，性情胆怯，他怕贼、怕蛇、怕"鬼"，如果屋里没有灯，他就恐惧得不能入睡，他的胆子甚至没有他的妻子加斯杜白大，而他的哥哥和哥哥的朋友们，都比甘地结实、强壮、勇敢，让甘地羡慕。

甘地和他哥哥的同学，一个大家认为是坏朋友的孩子交上了朋友，这个朋友能作异常迅速的长跑，还擅长跳高和跳远。甘地常常被他所表现出来的技能所迷惑，他想赶上他。虽然甘地的母亲和大哥，都警告他不能和这样的人交朋友，可甘地却固执地认为他也有大家所不知道的优点，并说他不会把自己带坏，和他交朋友正是为了改造他，如果他能改造，甘地相信他一定是一个有为的人。

可是甘地却被这位朋友影响了。

甘地父母是毗湿奴信徒，该教主张实行苦行、素食等禁欲主义生活。他们反对和厌恶肉食的情况，是印度的任何地方或印度以外的地方所没有的。甘地就是在这种传统中长大的。

而那时的拉奇科特兴起一种“改革”热潮，许多教徒背地里吃肉喝酒，甘地的这位朋友也属于革新派中的一员。他敢捉蛇，不怕贼也不怕鬼，他告诉甘地，这都是吃肉的结果。

他对甘地说：“我们是一个孱弱的民族，因为我们不吃肉。英国人之所以统治我们，就因为他们吃肉。我的身体很强壮，跑得也快，是因为我是一个肉食者。吃荤的人不会长血瘤，有时即使偶然长上了，也好得快。老师和其他知名人士也不是傻子，他们所以吃肉是因为他们知道吃肉的好处。你也应当这样做。”

在学校里甘地还听到一首流行的有趣的打油诗：

看那体格强壮的英国佬，
统治着我们瘦弱的印度同胞，
只因他们吃了肉，
所以个儿也长得高！

甘地受了这些影响，他相信了吃肉大有好处。他想，如果全印度的人都吃肉而强壮起来，将来还可以打倒英国佬！

甘地非常孝顺父母，他知道，如果父亲一旦知道甘地破戒吃肉，他们就会吓坏。

可是甘地一想到吃肉就可以使自己和同胞强壮起来，打倒英国人，使印度自由，便自己说服自己：将吃肉的事瞒着父母，并不能算是违背真理。他吃肉并不是觉得好吃，只是想成为一个革新者。

他们选定了一天，到河边找了一个偏僻的地方，在那里甘地生平第一次看见了肉，是一块山羊肉，虽然难以下咽，可甘地还是吃了。

当天晚上，甘地觉得很难过，作了一夜的噩梦。每一次快要睡着的时候，总觉得好像有一只活山羊在肚子里苦苦地哀叫,他非常懊悔,但又安慰自己,食肉是一种责任。

以后这位朋友又请他吃了几次美味的肉菜，可是每次回来后，甘地又觉得在向母亲撒谎，内心更加忐忑不安。他在内心对自己说：“吃肉虽然是必要的，在国内进行饮食‘改革’也是必要的，可是欺骗父母、向父母撒谎比不吃肉更坏。所以当他们还活着的时候，决不能再吃肉了。等到他们去世以后，我就可以自由了，那时我便可以公开吃肉，但是在这以前，我应当克制自己。”他将这个决定告诉了他的朋友，从此便再没吃肉。

还有两件事，在年少的甘地心中也留下了深刻的印象。

甘地和他的一个亲戚，看到别人抽烟，吞云吐雾的样子很有趣，便也学着别人的样子，偷偷地吸起烟来。

开始他们捡他叔叔扔掉的烟头，后来他们开始偷窃佣人的零用钱，用于买烟。

两星期以后，又听说有一种长着许多小孔的植物梗可以当烟抽，他们就试了一下，但无烟味。烟瘾来了无法满足，难受极了。他们俩感到自己没有长辈的许可什么事都不能做，真不自由，而且难以忍受，他们觉得实在难以忍受，忽然觉得非常厌恶、便决定去自杀！

他们听说闹羊花籽有毒，便走到丛林中找到了这种植物的花籽。他们在神坛参拜了一下，便想找一个僻静的角落去自杀。

他们吃了两三粒花籽，他们都不敢多吃，都有点怕死。心想：如果一下子死不了，怎么办？自杀究竟有什么好处？缺少一点自由，为什么将就不了？于是他们决定到罗摩吉神庙去镇静一番，抛弃自杀之念。

甘地忽然明白了：有自杀的念头容易，而行动起来就很困难了。通过这件事使他懂得：抽烟是坏事，上了瘾不抽如此难受，甚至偷钱去买，还几乎送命，真不合算。从此，他就决定不抽烟了。

这之后不久，甘地 15 岁的时候，从他哥哥的手镯上偷了一点金子来还债。债虽然还清了，可是他天性质朴纯洁，犯了过错受着内心的责备而惴惴不安，他认为不向父亲坦白认错就不能彻底悔改，于是他写了一张字条，并且亲自交给了父亲。在字条上，甘地不仅承认了自己的罪状，而且请求给予适当的处分，最后他还要求父亲不要因为他的过错而自责，还发誓永远不再偷窃。

当他把字条用颤抖的双手交给父亲后，父亲晶莹的泪珠流满了双颊，把纸都弄湿了，他闭上眼睛沉思了一会儿，就把字条撕毁了。甘地看见父亲内心痛苦的样子，也情不自禁地哭了起来。

甘地原以为父亲知道后一定会非常生气，会严厉地训斥一顿，可是由于自己坦白悔过，加上永不再犯的诺言，这种最纯洁的忏悔，深深地打动了他的父亲，使他的父亲原谅了他的错误，并对他增加了无限的慈爱。甘地认为这种爱的力量远远胜过责骂或动手打他。

甘地后来回忆说，只有经历过这种爱的人，才能体会什么叫做爱。甘地认为这是他一生中所受的第一堂“非暴力”课。这种力量是无限的。他认为，当这种“非暴力”包括一切的时候，所有的东西都起了变化。

在以后数十年的反抗英帝国主义、争取印度独立的斗争中，甘地的这种“非暴力”思想一直贯彻始终。

“非暴力”就是用精神感化去调和矛盾，非暴力的实质是普遍的爱，是依靠心灵的（精神的）力量战胜非正义，是以牺牲自我感化别人。对英国殖民统治者也不例外。对甘地来说，非暴力就是宗教信条。

甘地全家虽然都是印度教信徒，但他的父亲却有许多信仰伊斯兰教、拜火教、耆那教等宗教界的朋友，这使他养成了不分宗教界限而与其他教派教徒为友的习惯。但那时的甘地厌恶基督教，因为在中学里，基督教的牧师常常侮辱印度教和他们所崇奉的大神。

甘地小时候很怕鬼怪，他家的保姆——兰芭，教甘地反复诵念“罗摩那摩”，说是这样就不会害怕了。所以从幼年的时候，他便开始反复诵念“罗摩那摩”，以消除对鬼怪的恐惧。

那时候，甘地熟读《罗摩衍那》、《薄伽梵歌》等。他深信道德为一切事物的基础，真理为一切道德的本质。真理已成为他追求的唯一目标。

甘地在读过的书籍中很喜欢古吉拉特的一首《以德报怨》的格言诗：

惠我杯水，报以美餐；
向我致意，答以鞠躬；
赠我一钱，谢以金元；
尔命被救，赴义舍身。
哲人言行，尔宜敬佩；
善小必为，其酬十倍。
圣城之域，人我界泯，
以德报怨，其乐无边。

这首小诗深深地抓住了甘地的心灵。它那以善报恶的教训成为甘地的指导原则。

甘地 16 岁那年，父亲卧病在床，一天晚上他照料父亲后，把父亲交给叔叔，然后退回自己的房间，突然一阵叩门声惊扰了他们。佣人对他们说，他的父亲刚刚去世了。

年少的甘地听后如雷轰顶。他十分孝顺父亲。几分钟前，他尚在病人身旁，为父亲按摩双脚，减少痛苦。甘地只是刚刚离开生病的父亲，回到房间看望怀孕的妻子，父亲却在此时去世了。自那时起，他常为这件事感到自惭形秽，无地自容，开始逐渐摆脱情欲的束缚。

此事给甘地的切身体验，对他后来人生观的形成，有着不可忽视的影响。后来他完全禁欲，自己严格管束自己的行为,在饮食方面,他也身体力行,不吃盐巴和豆类食物。

甘地的这种观念与他的“消极抵抗”思想是一脉相通的，他也要求同他一起从事政治活动的伙伴，采取同样严肃的态度。正如他在自传中所说的：“尚未达到对本质上的思想完全掌握的地步”，他自己也不断地实践无止境的自我抑制。

留学英国

1887 年，甘地从中学毕业了。毕业后，由于受经济条件的制约，甘地从拉奇科特到阿赫梅达巴的萨玛尔达斯学院上大学。在那里，教授讲的课甘地听不懂，也没有兴趣。只念了一个学期，甘地就回家了。

回家以后，他们的一个老朋友来到他家看望甘地全家，在谈话时谈到甘地的学业，这位老朋友说，在国内需要念四五年的书，才能够得到学士学位，等到毕业以后，想找到一个位置较高、薪金也较好的地方也不是很容易的事。而如果去英国留学，大学毕业以后再回来，那么想谋求到一个好职位则容易得多。甘地家的这位老朋友建议甘地去英国学法律。这个建议甘地听了非常高兴，恨不能马上就赶到英国。

这位老朋友还曾建议甘地去学医，甘地的理想也是想成为一个有名的医生，以便用高超的医术拯救病人的生命、减轻人们的痛苦。但是，甘地的家人不同意这样的人生选择，认为当医生有损官宦人家的身分，因此极力劝说甘地改变初衷，要他去学法律，以便光宗耀祖。

甘地积极地为前往英国准备行装，筹集资金，可甘地的母亲却不同意了。她听有的人说，年轻人到英国就会堕落。英国人吃肉喝酒，到英国去的人也要吃肉喝酒。

甘地对他母亲发誓说："你不能信任我吗？我决不向你撒谎。我发誓不干这种事情。"可甘地的母亲还是不同意。

正在进退两难的时候，甘地采纳了一位朋友的主意，在母亲的面前，当着众人的面，庄严宣誓：到了英国，尊重母愿，不近酒色，不吃肉食。看到爱子甘地发了这种誓言，他的母亲便放心地同意甘地出国了。

甘地离开学校的那天，学校为他举行了欢送会。甘地事先写好了几句答谢的话，可就是念不出口，性情内向害羞的他，紧张得战抖起来。

甘地动身来到孟买，准备从那里动身出国。就在这个时候，甘地家族种姓里的人对于甘地出国一事议论纷纷，因为他们那个种姓里的人还没有谁去过英国。种姓的族长厉声对甘地说："照本族的意见，你去英国的打算是不妥当的。我们的宗教禁止航海远行。我们还听说到了那里如果不损害我们的宗教，便无法生活。去那里的人不得不和欧洲人同饮食！"

甘地说：“我并不认为到英国去违背了我们的宗教。我到那里的目的是求学深造。而且我已庄严地答应我母亲不做你们最害怕的三件事。我相信我的誓言能保障我的安全。”

“在那里要保持我们的宗教是不可能的。你知道我同你父亲的关系，你应当听从我的忠告。”

“我知道那些关系，而且我把您当作我的长辈看待。但是这件事我无能为力了，我不能改变我去英国的决心。先父的朋友和顾问是一个很有学问的婆罗门，他并不反对我去英国，而家母和家兄也都准许我出国留学。”

“可是你竟敢不顾本种姓的命令吗?”

“我实在没办法。我想种姓本身不应当干预这件事。”

族长顿时生气了，斥责甘地，并宣布他的命令：“从今日起，这孩子不应当被看做是本种姓的人了。谁要是帮助他或到码头去给他送行，就得交纳 1 卢比 4 安那的罚款。”

但是已没有什么能够阻挡得住甘地出国求学的强烈愿望。甘地的行动也得到甘地哥哥的支持，他从外地写信来，叫甘地一定去英国。

1888 年 9 月 4 日，甘地从孟买出发前往英国伦敦。

甘地的英文不十分好，他不太适应用英语和别人谈话，而乘坐的轮船上几乎都是英国人，胆怯而害羞的他即使听懂了英国人的话也不敢插话。他还不会使用刀叉，也不敢问菜单上哪些是素菜，只好吃自己从印度带来的东西。

和甘地同舱的是一位律师，是一个上了年纪而饱经世故的人，马兹慕达先生，他劝说甘地多和乘客们交往，和他们随便谈谈，利用每一个可能的机会讲英文。

有一个乘客对甘地很热情，问了他许多问题并劝说甘地一起去餐厅吃饭，还笑他不吃肉，说英国很冷，不吃肉就无法生活。

甘地认真地告诉他说，他已经很庄严地答应了他母亲不吃肉，所以自己连想都不想，如果不吃肉确实活不下来，他宁肯回印度去。

经过了很长时间的航行后，在月底，甘地到达了南安普顿。上岸后，他穿上了从印度带来的白色法兰绒衣服，他自己以为比较体面，可当他下了船以后，才发现没有人穿这种衣服，而他没有衣服可以换，他带来的衣服全都在托运的行李里，没有办法拿出来。

有一位医师给甘地讲解欧洲礼节，他说：“不要摸别人的东西；第一次见面，不要像我们在印度常常做的那样问许多问题；不要高声讲话；对别人讲话的时候，不要像我们在印度那样老是称呼他‘先生’，只有仆人和属下的人才这样称呼他们的主人。”

甘地和马兹慕达先生住进一位朋友为他们租好的新房。住进新房以后，他总觉得不舒服，常常怀念他的家庭和祖国。他想他的母亲，到了晚上便泪流满颊，他内心感到很苦闷，因为没有人可以听他诉说他的一切，也没有什么能够给他以安慰，因为一切都是陌生的，人、习惯、住所等等。他是不吃肉的，只能吃那些淡而无味的菜，他感到进退两难，在英国不好受，回印度去更不是办法。可既然来了，就应当住满 3 年。

甘地为了尽快地适应英国的习俗，取得英国人的生活经验，又搬到一位英国朋友家里去住。这位英国朋友为人极其和蔼体贴，把甘地当做小弟弟一样，教导他英国人的规矩礼俗和英文。但是吃饭却成了大问题，不吃肉食的甘地不得不吃那些开水煮过的不搁盐或香料的青菜，所以他总是吃不饱，每顿饭只是两三片面包，而他也不好意思多要。有一次那位朋友着急了，对他说：“如果你是我的亲弟弟，我就会送你回国。你母亲既不识字，也不了解这里的情形，在她面前发的誓言，有什么价值？这根本不是什么誓言，法律上也不会加以承认。坚守这种誓言是纯粹的迷信。我要告诉你，你这样执拗在这里不会得到什么好处。你承认你吃过肉，而且觉得好吃。你在绝对不需要的地方倒吃了，现在到了必须吃肉的地方来了，你却不吃。真是令人不解!”

又有一次，这位朋友给甘地读起边沁的《功利论》，甘地并没有完全明白该书的内容，但却说：

“请原谅我吧，这些深奥的东西我实在捉摸不定。我承认人需要吃肉，但是我不能破坏自己的誓言。我不能争论这个问题，我明白争也争不过你。请你把我当作一个傻瓜或固执的人饶了我吧。我很感激你对我的爱护，我知道你确实希望我好。我也知道你再三启发、开导我这个问题，是出于你对我的关怀；但是我没有办法，誓言就是誓言，它是不能违背的。”

这位朋友虽然很惊讶，可最终还是听从了甘地的誓言，只是担心他的身体因为不吃荤而衰弱，从而不会感觉在英国那么自在。

日子一天天过去了，甘地常常读起报纸，因为闲着，便出去走走，想找一家素食馆。有一次在闲逛的时候，无意中在法林顿街发现了一家素食馆。他非常高兴，他正想进去的时候，看见门边玻璃里陈列着一些出售的书，其中有一本是萨尔特的《素食论》。甘地买下了这本书，并一直走进这家餐厅里去，他感到非常心满意足并饱餐了一顿。

他将这本书从头到尾读了一遍，印象很深。自从读了这本书的那天起，就更加坚定地成为一个素食者了，并使素食成为他的宣扬学说之一，成为他的使命了。

那时他还看了一本素食的书，叫《饮食伦理学》，是一部“自古迄今人类有关饮食著作的传记史”。该书说，自毕达哥拉斯和耶稣到现代的一切哲学家和先知，无一不是素食者，同时他还读了一些书，那些书将素食作为健康生活的一部分，只是后来，他才渐渐地由从健康考虑，走向宗教信仰了。

甘地为了使自己更适合英国社会社交的需要，为了使自己能成为一个适应环境的英国式绅士，他收起从孟买带来的衣服，因为那些衣服不大适合英国社会。

甘地去陆海军商店买了一些新的衣服，花很多钱买了一顶礼帽，还到英国伦敦最时髦的中心区股票大街花 10 英镑买了一套晚礼服，并让他哥哥从印度给他寄来一条双层的金表链。每天，他站在大镜子面前，按照当时流行的样子打领带和梳头发，独自端详一番。每天这样的时间要花去 10 分钟。他的头发比较硬，所以每天都需要用刷子刷半天，才能使头发老老实实，每次在他戴上和摘下帽子的时候，手便要下意识地梳理头发。

除了买一些时新衣服和注重打扮以外，还有许多英国上层社会的生活、社交上的细节，只要能使他显得更像一个绅士，他都去学去做。

有人告诉他，必须学会跳舞、法文和演讲术。甘地交了 3 英镑作为一个学期的学费，到一个跳舞班去学跳舞，他上了 6 堂课，可总是不会那有节奏的动作。他对钢琴的音调不通，无法使步伐与节拍吻合。

为了使自己更具音乐细胞，能够学会跳舞等社交礼仪，他又花了 3 英镑买了一把小提琴，以便使自己的听觉习惯于西方的音乐，他又花了一些学费，去学小提琴，还请了第 3 个教员给自己讲授演讲术。

这时候的甘地多少发生了一些变化。在初到伦敦的日子里，他的境遇异常困难。他腼腆胆怯，甚至和外国人说一句话也会使他痛苦不已。他身体孱弱，衣服怪诞，在穿着入时的伦敦律师界里，给人一种寒碜可笑的印象。那时他身着一套裁剪糟糕的衣服，又宽又大，身体总在里面晃来晃去。虽然那时他已经19岁了，但显得那样羸弱，举止平庸，致使同学们有时把他当作饭馆里的小伙计。

重新装扮后的甘地，换上了一套崭新的礼服，头戴一顶丝织礼帽，外出时，甘地有了笔挺的新衣、一双锃亮的皮鞋、一副白色手套和一只镶有银球饰物的手杖。

这次他的各种尝试，和他早年吃山羊肉的结局同样糟糕。

他练小提琴时，只能发出时断时续的吱嘎吱嘎的刺耳声音；学法语时，舌头往往不能正确发音；演讲术课程也未能帮他大胆地发表演说、克服痛苦羞涩的羁绊。

甘地觉得这些不适当地模仿英国人的服饰举止的尝试，使自己愈来愈被动。忽然有一天，甘地对自己说，自己并不打算在英国住一辈子，那么去学演讲术有什么用呢？学跳舞怎么能够使自己成为一个真正的绅士呢？小提琴在印度也可以学。自己是一个学生，还是应当去读书，必须取得成为律师的资格。如果自己的学识、品行能使自己成为一个绅士，那才是最好的。

那时的甘地是个花钱很仔细的人，他的家庭不十分富有，他在伦敦留学所需费用大部分是他哥哥从印度邮寄来的，当他一想到家里的人尤其是他哥哥总是不断地把他所需要的钱一笔笔地寄来，心里就很难过，所以他养成了节俭的好习惯。

他经常对自己的行为进行自我反省，他把花出去的每一个铜板都登记入账，如公共汽车票、邮票、买报纸的几个铜板，全部登入账目里，每晚入睡以前结算一次。

这种认真仔细的习惯，甘地一直保持下来，在以后的岁月里，这种习惯给他带来许多好处。日后他虽然经手处理过数目达几十万的公共基金，却能够在开支方面做到严格的节俭，不但没有负债，而且在他后来领导的运动中，总是有盈余，就是由于他养成了这种好习惯的结果。

为了节省开支，他离开原来别人的公寓，自己出去租房子住。为了节省车费，他就在离他工作地点很近的地方租住房间。这种选择给他带来一个巨大的好处，就是他可以步行从住所到工作地点，大概一次需要半小时的时间。在英国期间，这种长期的步行习惯使他身体相当强壮，几乎没得什么病。

为了节省，他后来又从他所租的两间房搬出来，住到一间房里，早饭自己起火，中午饭在外边吃，晚饭则在家里吃面包和可可茶。这么一来，他每天就又能节省一部分钱。他说这段时间是他最用功的日子，简单的生活使他有充足的时间学习。

甘地打算做个律师，还想取得个学位。他学习了拉丁文和现代英语，他还参加了一个私人开设的大学预备班。他学习很努力,生活也很简朴,最后所有的考试都通过了。

放弃肉食，改为食素，一开始是甘地坚持遵守对他母亲发出的誓言，他并没有被一种系统而具有说服力的理论所折服。后来在英国他看了一些素食主义的著作和与一些素食主义者结交,才对这个观点有了更深刻而切实的体验。

一些素食主义作家曾经非常细致地从宗教、科学、实践和医药方面着手探讨过这个问题。从伦理学的观点上说，他们得到的结论是：人之所以超越于下等动物，并不在于前者以后者为食物，而是高级动物必须保护低级动物，两者之间须有互助，就如人与人之间的关系。他们还指出：人们之所以饮食并不是为了享受而是为了生存。根据实践和经济的说法，他们则表明，素食是最省钱的。这些思想对他都有深刻的影响。

甘地继续吃那些开水煮过的菜，不再吃特意从国内带来的糖果和香料了，虽然以前他吃这些素淡的东西的时候，觉得清淡没有味道，现在吃起来却津津有味，用他的话说，真正尝到滋味的不是舌头而是心灵。

英国有一个素食者协会，这个协会出版了一种周刊。甘地订了一份，并且参加了这个协会，不久还成了协会执行委员会的委员。在那里，甘地同那些被认为是素食主义者的著名人物有了往来，并且开始了他自己的研究体验，他的研究体验是由经济和养生之道的观点所指导的。他原来是以一个被说服的肉食者到那里的，但后来却有意识地改变成为一个素食者。甘地对素食主义充满热情，并在他所居住的贝斯瓦特成立了一个素食俱乐部，邀请住在这个地区的安诺德爵士担任俱乐部副主任。《素食者》主编奥德菲尔博士担任主任，自己担任秘书。这个俱乐部活动了一段时间，后来随着甘地的迁居，俱乐部的活动便结束了。但是这次简短而谨慎的俱乐部活动经验却给了年轻的甘地一点点组织和经管社会团体的锻炼。

大家知道，甘地小时候是一个羞涩的孩子，虽然他日后成为一个非常有名的政治人物，经常出入于国家首脑之间，可他并不是一个善于表达、能说会道的人，他也是一个普普通通、不愿抛头露面的人。

在英国留学的这段日子，他仍然没有完全克服这种羞涩的性情。

那时候甘地是素食者协会执行委员会的执行委员，委员会的每一次会议他都参加，可是多次会议之后，他还是总感觉张口结舌。在会议上，大家畅所欲言，而甘地并不是不想讲话，只是不知如何表达自己。每次当他鼓足勇气想发表意见时，大家又开始转换话题。在朋友聚会的时候也是这样，如果在座的人多，他就不敢张口说话了。

从这样两件事可以看出那时的甘地是多么的羞涩。

素食者协会执行委员会里有一个叫希尔斯的人，他原来是泰晤士钢铁工厂的老板，是个清教徒，协会的许多活动是他资助的，在委员会里他享有一定的威望。素食者协会里还有一个艾林生医师，他是当时新兴的节制生育运动的热情倡导者，他还在工人中间宣传节育方法，他的行为遭到希尔斯的反对，他认为素食者协会的宗旨不仅是在讲饮食改革，而且还应该进行道德改革，因此像艾林生医师这样一个持有反清教徒观点的人，就不应当被容许留在协会里，因此建议开除他的会籍。

甘地认为艾林生医师的观点是不正确的，也是危险的，也认为希尔斯先生是有权利加以反对的。然而，甘地认为虽然希尔斯的为人和慷慨很可尊敬，但如果仅仅因为有人不承认清教徒的道德观念为协会的宗旨之一，就把他从素食者协会中排除出去，这种做法是很不合适的。他认为，希尔斯先生关于从协会中开除反清教徒的看法是他个人的观点，和协会所宣布的只是提倡素食而并非倡导什么道德制度的宗旨是不相干的。甘地认为，任何一个素食者，不论他对于其他的道德具有什么看法，都可以成为协会的会员。他觉得他有必要亲自表示自己的意见，但他实在是没有勇气讲出来，只好把自己的想法写出来，在会上，他应该把这份书面材料读出来，但那时他羞涩得连宣读它的能力也没有了，他的这个意见只好被人代读了。

甘地自己也尝试改变这种被动的局面。他在返回印度之前，一次素食者朋友的聚会来到一个非素食饭店，要了一桌素食饭菜。朋友们快快乐乐地聚集在一起，在宴会上，大家喝彩、听音乐、讲演，每个人都讲几句话，轮到甘地的时候，他站起来。本来他已经把事先准备好的几句话在肚里想好了，可是只讲了第一句，第二句就讲不出来了，他心里想了一段幽默的话，原准备讲出来，话刚到嘴边又一点儿也想不起来了，结果只说了一句："谢谢你们，先生们，谢谢你们好意地接受了我的邀请。"说完就坐下来了。

虽然甘地天性羞涩，话语言谈少，在某些场合某些情况下闹出笑话，但也正由于这种羞涩的性格，使他养成了一种约束自己思想的习惯，他不得不用一种很简练的方式表达所想要表达的意思。由于深思熟虑，他就避免了很多差错，也很少浪费时间。他认为，一个很少讲话的人，他的言词很少是不经过考虑的，他会衡量每一句话。他还认为，沉默是信奉真理的人精神训练的一部分。有意或无意地浮夸、抹杀或缩小真理，是人们一种天生的弱点，所以沉默是必要的。他感到自己的沉默，对他识别真理有巨大的好处。

甘地在英国的朋友中接触到了各种宗教，阅读了几本宗教方面的书。他阅读了《纪达圣歌》，其中有几行，给他留下了很深的印象：

人如果注意感觉之物，那就将
受它的诱惑；诱惑生爱好，
爱好煽起欲火，欲火置一切于不顾；
藩篱既破，浩气无存，
终至精神丧失，
身心同归于尽。

这本书给他留下了非常深刻的印象，当他烦恼的时候，这本书给了他极宝贵的帮助，成了他每日必读的书。

甘地对基督教那时有抵触情绪。有一次在一家素食馆里他遇见了一位来自曼彻斯特的善良的基督教徒，他向甘地推荐《圣经》，他接受了这个劝告，谈起《圣经》来，他读了《创世纪》，但并没有什么兴趣；他非常勉强地读完了其他各书，仍然既没有什么兴趣，也不能深入了解。

然而“新约”却给他以不同的印象，在他读了《登山宝训》之后，他认为这本书简直打入了他的心坎。尤其是里面说的：“我告诉你们，不要与恶人作对。有人打你的右脸，连左脸也转过来由他打。如果有人想要拿你的内衣，连外衣也由他拿去。”甘地对这句话非常欣赏，他马上想起他以前读过的“惠我杯水，报以美食”那一段话。他年轻的心总想把《纪达圣歌》、《亚洲之光》和《登山宝训》的教训都贯穿起来。他认为弃而不取是宗教的最高形式，这一切极大地鼓舞了甘地。

后来他又读了《英雄与英雄崇拜》一书，在那本书里，他懂得了先知的伟大、勇敢和严肃的生活。从那时他发誓,以后要多读宗教书籍,以求熟悉所有主要的宗教。

初出茅庐

甘地到英国的目的是为了取得律师资格，尽管他刚开始时几乎误入歧途，想使自己从外表上成为地道的英国绅士，这也是一个青年人常常犯的错误，可最终他还是从那个梦中醒来，明白自己是为何远离家乡到这里来的，从此便开始为自己获取律师资格而努力。

在英国取得律师资格须具备两个条件：第一必须保证求学期——12 个学期，相当于 3 年左右的时间；第二是考试及格。而所谓的保证求学期其实质是指在规定时间亲自报到，而其余时间是参加宴会而已，因而律师们被幽默地称作“宴会律师”。以前这种宴会对学生们是有益处的，因为通常只有少数的几个学生参加，他们就有机会和法官交谈，还有人发表演说，这种情况有助于他们获得具有一种优雅而精干的社交礼仪，同时提高了他们讲话的能力。这对于学生们以后从事律师职业的生涯有极大的帮助。然而到现在这个时候，这种情况已今非昔比了，法官们已独立分设一席，这种“宴会”也失去了从前的价值而成为纯粹宴会了，可保守的英国人仍旧保留着这种形式。在到英国之前，甘地为了使母亲放心，向母亲发誓不吃肉，不饮酒。来英国后他读了几种有关素食论的书，更使他成为一个坚定的素食主义者，因而这种宴会对他来说并无益处，可为了获得取得律师资格所需的时间，他不得不参加这样无聊的宴会。

至于学习的课程并不是很难，考试也是比较容易通过的。考试共有两个科目：一科是罗马法，另有一科是普通法。当时有一些正规的课本是专门为这种考试而编印的，而且可以带到考场上去，几乎没有人认真地去读它们。大多数人以一两个星期去突击罗马法的笔记，便可以及格；只要花两三个月的时间读一读普通法笔记也可以及格。考卷很容易答，主考官员并不是很严格，因而罗马法考试的及格率可达 95%至 99%，而大考的录取率则达 75%或更多，很少有人落榜，更何况考试不是一年一次而是一年四次，因而对所有的学生来说，通过考试，并不是很难的。

甘地却没有因此而不认真去准备考试，他并没有像其他的人那样突击看笔记，或者把为应试而编印的课本带到考场上去。他在童年时就养成了诚实、认真的品格，还是在小学时，他因未抄袭别的同学的拼字而成为唯一一个拼错字的学生而受到批评，可这种诚实认真的品格却使他受用终生。因而他认为不读有关应试的书是错误的，应该读遍所有的课本。所以他花了很多钱去买课本，但在生活上他是很节俭的，他为了节省生活费而自己生火做饭，可为了买学习所必需的书却不吝钱财。

甘地决定读拉丁文的罗马法，这得益于他曾经参加伦敦大学入学考试时所获得的拉丁文知识。而事实上通过认真读罗马法对他此后到南非也是很有用的，因为罗马法就是那里的普通法，对他了解南非的法律帮助很大。看来任何知识的学习和掌握对一个人今后的成长和工作都是很有用的，特别是青少年时期，是积累知识的黄金时光。如果甘地没有拉丁文的知识，阅读拉丁文的罗马法是很困难的；同样如果他当时只应付一下考试，不是认真去读罗马法，那他在南非的日子便不会由此而受益。

除了读罗马法以外，他又花了 9 个月相当艰苦的劳动读完了英国的普通法、斯尼尔的《平衡法》、怀特和提德尔的《重要案例》，这本案例很富有启发性。同时他还以极大的兴趣读了威廉士和爱德华合著的《不动产》以及古德维的《动产》。通过认真阅读有关法律的书籍和应试所需的课本，甘地很有信心和把握地参加了律师资格的考试。

通过考试他被录取了，于1891年6月10日取得了律师资格，并于11日在高等法院取得登记。可他对于在人前讲话的恐惧心理并未因他读多少书而消除，也并不感觉自己已经有了执行律师事务的资格了。

取得律师资格是一回事，而执行律师业务又是另外一回事。法律的书他倒是钻研过，可如何执行却未学过。他曾经用心读过《习律一助》，可不晓得怎样把它应用在业务上。“应用自己的财产应使无害于人”是其中一条格言，然而他实在不懂得应该怎样运用这个格言而有利于诉讼当事人。尽管他遍读了这本书中所有重要的案例，可在业务上如何加以运用并不是件易事，因而并未给他增加多少做律师的信心。

而且，他根本没有学过印度法，对印度教徒和穆斯林的法律也一窍不通，甚至连如何写起诉书也不会。而且感到毫无办法。他曾听说费罗泽夏·梅赫达爵士在法庭上作狮子吼的故事，他是如何在英国学得这功夫，倒让人感觉奇异。甘地并不奢望具有他那种法学上的敏锐，可是为自己究竟能不能依靠律师这种职业谋生而感到深深的不安。

在他学习法律的时候，心中已经充满了这些疑虑和不安。他把这些想法告诉了他的一些朋友，其中有一个朋友劝他去请教达达巴伊·奥罗吉。

本来在他去英国时，曾有一封给达达巴伊·奥罗吉的介绍信，由于自己觉得没有权利去麻烦一个大人物，他很迟才把信交出去。他常常去听达达巴伊的演讲会，看到达达巴伊对学生的关怀和学生对他的尊敬，才鼓足勇气把介绍信交给他。达达巴伊让甘地随时都可以找他谈谈，可当时甘地竟不敢把自己的困难向达达巴伊提出来。这一切皆因甘地胆小又害羞所造成的。这种小时候就具有的性格特点使他错过了一个受教育的好机会。

可是和弗立德烈·宾卡特先生的会晤却是另外一种情形，这次会晤给甘地留下了很深的印象。特别是宾卡特先生的话给了甘地鼓励，使甘地消除了悲观情绪。

宾卡特先生说："你以为人人都应该成为费罗泽夏·梅赫达吗？像费罗泽夏这样的人总是很少的。做一个寻常的律师用不着非常的本领。普通的忠实勤奋，就够他维持生活了，案子并不全是繁难的。"

当宾卡特先生了解到甘地所读的书有限时，并未指责他，而是耐心地引导他，他说："我了解你的困难。你读的书很有限，你也不懂世故，这是做律师不可缺少的知识。你连印度的历史也没有读过。作为一个律师，应该通晓人情，应该具有从一个人的相貌就可以看出他品格的能力。每一个印度人都应该了解印度的历史，这和律师的业务没有什么关系，但这是你应有的知识。我看你甚至连凯依和马尔逊的 1857 年后兵变史也没有读过。你马上就去读一读这本书吧，我看你还得读一两本关于人情世故的书，这就是拉伐石和申梅尔品尼克等人有关相貌学的几本著作。”

宾卡特先生的忠告对甘地的直接用处也许并不是很大，但他的热情却使甘地振奋起来，他那开朗的笑脸深深地印在甘地的记忆里，使甘地相信他的话即费罗泽夏·梅赫达的敏锐、记忆力和才能并不是一个有成就的律师所必需的，忠诚和勤奋便够了。这样甘地的顾虑减轻了，信心增强了。

就是这样，带着残留的一丝顾虑和掺杂着无可奈何的希望的心情，年轻的甘地于 1891 年 6 月 12 日乘“阿萨姆”号轮船登上了返回家乡的旅途。

船到孟买，港口风浪很大，这在六七月间的阿拉伯海并不是一种反常的事。由于风浪大轮船无法停靠码头，甘地不得不搭乘一只小艇靠码头。这风浪正如甘地波动着的心情，同时也是一种内在不安的象征。

留学归来将与亲友相聚，特别是将见到思念已久的母亲、妻子和哥哥，甘地能不激动吗？可同时对于自己是否胜任律师的职务是否会被开除种姓的麻烦也一直困扰着他。可是让他更没有想到的事是迎头一个更大的打击，那就是他刚一回来便面对母亲已去世这一沉重的打击，这对于一直渴望见到母亲和回到母亲怀抱的海外游子甘地来说该是多么严重的一击。

原来他的哥哥怕他在国外经受不住这样的打击，一直瞒到现在才告诉他这一个不幸的消息。他的悲痛更甚于得知父亲的逝世。在甘地一生的成长中，母亲对他的影响很大，特别是母亲对宗教的虔诚和坚韧。甘地在英国 3 年一直坚守他对母亲所发的誓言，正是基于母亲对宗教的痴迷。可如今母亲就这样地离开了自己，甘地觉得美好的愿望破灭了，那种悲伤无法用言语表达出来。但他还是抑制住了自己的悲伤，投入到为自己从事律师职业的准备之中去了。

回国以后，甘地在英国结识的朋友梅赫达医师又给他介绍了几位朋友，在这些朋友中有二位对他影响很大，一位是诗人赖昌德，一名是拉治昌德罗。赖昌德是梅赫达医师一位哥哥的女婿，和梅赫达医师的堂弟贾吉望合资经营一家珠宝店。那时赖昌德还不到25岁，但却是一个品学兼优的人，是个有名的“百事通”，甘地曾经试过他的记忆力，使甘地感到很吃惊。但真正使甘地心醉的是赖昌德的渊博的经典的知识和他那纯洁无瑕的人格，以及他那自我实现的热烈要求。而且那自我实现的热烈要求才是他生存的唯一目的，赖昌德常常念着而且铭刻他心版之上的，是下列穆旦纳德的几行诗句：

只有我在日常言行中看见了他（指上帝），
我才认为自己受了祝福；
他实在是一条线，
维系着穆旦纳德的生命。

赖昌德所经营的生意数达几十万卢比。他善于鉴别珍珠和钻石。买卖上的一切难题他都能应付自如。但是这一切都不是他一生活动的中心。那个中心就是他要面见上帝的热情。在他的办公桌上总有一本宗教书籍和他的日记。一做完生意，他便立即打开那本宗教书籍或日记。他已经发表的著作，多半是从这本日记中摘录下来的。办完一大宗生意以后就能够马上坐下来写述内心秘密的人，显然不是一个做生意的人，而是一个真正追求真理的人。而在经营之中还能这样沉浸于精神上神灵的追逐，绝非偶然，而是一种经常现象，这源于他对宗教的热情。

甘地和他相处得十分投机，尽管甘地当时对宗教问题还谈不上有什么真正的兴趣，可在甘地与赖昌德的相处中，赖昌德认真地和他谈论宗教的事情，使甘地觉得对他的谈论很有兴趣。

尽管在以后的生活中，甘地见过许多宗教领袖或导师，但这些人给甘地留下的印象远没有赖昌德所留下的那样深刻。甘地不仅极为钦佩赖昌德在理智和道德上的诚挚，而且对于他决不会把自己引入歧途深信不疑。

对于交朋友不当所带来的痛苦甘地深有感触，在他童年时因为交了一个朋友，使他几乎误入歧途，使他不但违反印度教教规吃肉，同时还欺骗母亲，这使他后来为此事深悔不已，这也使他到英国之前向母亲立誓绝不再做这样的傻事。看来周围的人际环境对一个人的成长是有着不可忽视的影响的。中国有句古话：近朱者赤，近墨者黑。说的就是这个道理。

因此在以后的生活中甘地与赖昌德成为推心置腹的朋友，一旦遇上什么精神危机，便跑到他那里求援。尽管甘地没有把赖昌德当作心中的大师，可他在很多场合给了甘地很大的帮助。正是这种影响使甘地对宗教产生了浓厚的兴趣，并且和其他宗教人士交往，最后使他成为一个宗教界的领袖和印度民族解放运动的英雄。可见一个人在青少年时期所受到的影响对他以后成长的作用是多么大呀！

刚刚回到印度便遭到失去母亲的打击，另外一件麻烦事也等待着他，因甘地出国而在种姓中引起的轩然大波，在他回国以后还未完全平息，尽管他在英国期间严格遵守诺言，没有违反教规。种姓中的人分成了两派，一派马上恢复了他的种姓身份；另一派却依然把他拒之门外。

为了恢复种姓，甘地的哥哥带他到纳西克的圣河里洗了一个澡，又摆设了种姓之宴，尽管甘地对这种做法不以为然，但出于对自己厚爱的哥哥的尊敬，他还是按哥哥的说法去做了，这样这场种姓风波便过去了。

甘地没有想到过向把他拒之门外的那部分人要求他们准许自己的请求，他并没有怨恨那一部分人的首领，尽管他们中间有人不喜欢他，可他却避免伤害他们的感情。他十分尊重开除种姓身分的成规，根据这些规矩，他所有的亲属，包括他的岳父母、他的姐姐和姐夫都不能招待他，就是到他们家里喝一杯水也不行。可他的亲人们却不想这样做，打算背地里悄悄地破除这些禁例，可甘地却不想让他们这样做，他做事光明磊落，不肯背着人做事。正由于他做事谨慎，所以他并不感觉到种姓加于他的一切麻烦，就是把他视为异己的那些人对他也很和气，甚至在事务上帮助他。这一切甘地都认为是他的不抵抗所导致的。假如他一开始便闹着要恢复种姓身分，假如他把种姓分成更多的派别，假如他触犯了种姓的首领，他们一定会报复，这样他从英国回来以后，就不会像现在这样安然无事，而会陷入到一场斗争的漩涡里。

其实，他的所谓不抵抗，是来自他内心的善良和宽厚的爱，他把自己的爱心面向所有的人，甚至反对他恢复种姓的人。这是甘地在小时候从他父亲那里得到的宽厚的爱里受到的感染。在他犯下偷窃和撒谎的错误时，他鼓足了勇气向父亲承认错误，可父亲并不是责骂他，而是以仁爱之心原谅了他，甘地认为是父亲给他上的第一堂“非暴力”课。自此善良仁爱的种子便埋在了他的心里。

自英国回来后，他便开始尝试对自己的生活来一些“改革”，首先是他打算在儿童教育的问题上进行一些改革，他希望增加侄子及儿子的体育教育，增强他们的体质，这可能和甘地小时候身体弱和不爱体育运动有关系，他希望自己的民族强壮起来，以便打倒统治他们的殖民者，为此他听信别人的话，尝试过吃肉。现在他同样希望自己的下一代能强壮些，但不是通过改变饮食禁忌，而是体育教育。他的努力还取得了一些成绩。

其次在饮食上他也做了“改革”。茶和咖啡已经走入到他们的家庭，而且瓷器也成了家常用具，这在以前只在特殊场合才使用。另外在衣饰上也几乎欧化了，除了皮靴和皮鞋外，他还穿上了西装。

由于这些“改革”，家庭开销便增加了，新鲜的东西每天都在添置。可甘地的哥哥对他抱有很大希望：他可以凭借自己的广泛交游为甘地招揽一些顾客，甘地的业务会发展起来，因此也便听任家中费用的日趋沉重，为了给甘地准备好开业的园地，他还煞费苦心，百般经营。甘地心里却很明白，这无异于把一只白象拴在自家的门口了，自己连一个合格律师所具备的知识都没有，哪能指望能得十倍于人的收入！没有人会来找自己打官司的，即便是有这样的人，自己也不能在无知之上再加上自大和欺骗，以增加对世人的担负的债责，他诚实的品格再一次得到证明。可是为了增加一些收入来弥补家庭的负担，他接受朋友的建议准备到孟买去住些时候，以便在高等法院里获得一点经验，研究一下印度的法律，就能力所能及地弄一点钱。于是他在孟买开始了他的律师生活，尽管他对自己的能力还有些担心，可他终于从一个拥有律师资格的人而走到了执行律师事务这一步。

在孟买，甘地雇了一个厨子，但他并不把他当作仆人，而是把他当作一家人看待，只是无法忍受他的不卫生习惯。可是没办法，他又没有收入，只能这样生活了。

在孟买，甘地一方面着手研究印度法律，另一方面则开始饮食方法的实验，而他哥哥则为他招揽生意。研究印度法是很吃力的事情，尤其民事诉讼法更使甘地为难，他对学习见证法产生了兴趣。而和他一起进行饮食实验的维尔昌德·甘地正在准备参加讼师考试，经常告诉甘地有关律师和辩护士的情形。他总是说："费罗泽夏的才能就在于他有精湛的法律知识。他能背诵见证法，并且知道第三十二节所有的案例。巴德鲁丁·铁布吉非凡的辩才则引起了法官的敬畏。"可这样的故事却使甘地感到自馁，从前的恐惧和顾虑又涌上心头。

开销逐月在增长。尽管门外已经挂着律师的招牌，可屋里却在忙于准备执行律师的业务，这对甘地来说可真为难，因此他无法专心研习。他对见证法发生了兴趣，还怀着极大的兴趣阅读了表尼的《印度教徒法》，可是却没有勇气受理案子。自小的胆怯和害羞，使他像新嫁娘，刚刚走进婆家之门似的。可他却不能总是这样，一方面要维持孟买的花销，另一方面还想着家庭的负担。

就在这时候，甘地接受了一个叫马密白的案子。这是甘地受理的第一宗案子，这并不是一个很棘手的大案子。当时印度有这样的惯例，接受诉讼案子需给中间人一些佣金，当然这不是很合理的事情，可甘地坚决地拒绝了这种佣金，却同样接受了这案子。这案子看起来轻而易举，一天的功夫就可以结案了，甘地只收了 30 卢比的费用。想是一回事，做又是另外一回事，初出茅庐的甘地，在法庭上作为被告辩护人，需盘问原告的见证人，由于自己的过度紧张，甘地站起来时，觉得头晕目眩，觉得整个法庭似乎在转动，准备好的问题竟问不出来，他只好放弃受理这件案子，并把所收的费用退了回去。这一次的失败对甘地的打击很大。从法庭出来后，他感到很惭愧，决定不再受理案件，在他去南非以前果真再也没受理过任何案件。

在孟买，甘地曾为一个贫苦穆斯林教徒起草了一份诉状，这份诉状得到了朋友的赞许，这使甘地充满了信心为别人写状子。如果他为人写状子，他的业务就会好起来，可他觉得那样收入颇微于事无补。于是他想当个教员，凭借自己的英文程度去教初学者英语，正巧他在报纸上看到有则征聘英文教员的广告，广告是由一家有名的中学刊登的。可是当他去应聘时却因他不是大学毕业而未能获得这个职位。没有收入在孟买无法维持下去，因而在孟买住了6个月之后甘地便回到他哥哥那里——拉奇科特。在那里作讼师的哥哥可以给他一些起草呈文和状子之类的工作。

甘地失望地离开了孟买，回到拉奇科特去建立自己的事务所。这里的收入还算可以，给人写写呈文状子，平均每月有300卢比的收入。这全得力于朋友的帮忙，由于第一次理案的失败使他没有勇气再接受案子，只好靠有哥哥的伙伴送来的一些贫苦的当事人的状子和呈文可写，勉强维持事务所而已。就在这样勉强维持生活的平静生活中，甘地遭受了人生的又一次打击。

他哥哥曾经出任过波尔邦达已故兰纳萨希布王公即位之前的秘书和顾问。这时有人控告他，说他在职时出过错误的主意，而这事却搞到对甘地哥哥有成见的政治监督官那里去了。这个官员是甘地在英国就认识的，哥哥认为甘地应该利用这一点交情去为自己通融一下，看是否能消除他的政治成见。

甘地却不这样认为，他向来不肯利用交情去为人说情，他认为如果自己的哥哥有错误，说情又有什么益处？如果他没有什么过失，就应按规矩呈上一个呈文，听候这件事的结果。可他哥哥却坚持让他去说情，因为当时的社会风气便是什么都靠人情。

甘地没有办法。哥哥对他的帮助太多了，为了兄弟的情意，他有责任去为哥哥开脱，尽管他知道他没有权利去找那位官员，这有损于自己的自尊心，可他还是去了。可是这一次会面不但没有取得丝毫成果，自己反倒受了一番侮辱，那位官员未等甘地诉说完自己的事便粗暴无礼地让听差把他推出门外。

甘地很生气，立刻写了一张条子给那位官员，大意如此："你侮辱了我，你通过听差侵犯了我，如果你不赔罪，我将控告你。"可那位官员的答复却很生硬："你对我不敬，我叫你走，你却不走，我没办法，只好命令我的听差送你出去。但是他叫你离开办公室你却不肯走，所以他不得不施一点力气送你出去。你要告我，悉听尊便。"

甘地很生气地回家了，把事情经过说给自己的哥哥听，可哥哥也不知怎样安慰他，便把这件事告诉了自己的同行朋友，因为甘地不知道该怎样控告这位老爷。

这时候正巧费罗泽夏·梅赫达为了处理一件案子从孟买来到拉奇科特。当时作为一个新出茅庐的小律师甘地不敢亲自去见他，只好把有关此案的文件转托聘请他的那位辩护士送给他，请他指教。

费罗泽夏·梅赫达爵士说："告诉甘地，这是许多辩护士和律师司空见惯的事。他才从英国回来，血气方刚，还不了解英国官员。如果他打算挣点钱，在这里平安过日子，让他把那封信撕掉，忍受了这个耻辱吧，他要控告这位老爷，是不会有好处的，相反，他倒会毁了自己。告诉他，他还不懂人情世故呢。"

这个忠告对于甘地不亚于毒药般苦涩，可他不得不吞下去。在当时的社会环境中，他只能忍受这个耻辱，小人物去碰大人物无异于以卵击石。可他也从这件事上得到了教训，他对自己说："我永远也不再把自己陷入这样错误的境地，永远不再滥用友谊。"而这一次的打击却改变了甘地的未来生活历程。

去南非办案

因为替哥哥求情而去找那位英国官员而自取其辱的甘地仍然在他的法庭里工作。甘地既不能和他敷衍，又不愿去讨好他。既然曾声言要控告他，因而也不能甘于缄默。

这个时候，通过上一次的打击，甘地开始懂得一些地方上的小政治。卡提亚华是由许多小邦组成，各邦之间的猜忌和官吏的争权夺利，已成为家常便饭。就是那些王公们也总听别人的摆布，让那些阿谀奉承的人出主意。在这里工作的人连那位老爷的听差都得好生待承，而那位老爷的文书比他的主子还厉害，因为他是他的耳目和译员。这位文书的意见就是法律，他的外快总是比他的主子的收入多好几倍。也许这有些夸大其词，不过各级官吏的确不是靠薪水生活的。

甘地觉得这种气氛是有毒的，怎样可以不受它的沾染倒成了一个不易解决的难题。甘地觉得非常苦恼，他哥哥也明白这一点，他俩都觉得如果甘地想到别的地方去发展、离开这种钩心斗角的氛围；而不要一点手段弄个部长

或法官的职位，根本不可能，特别是他和那位老爷发生了龃龉，要继续发展就更有困难了。

正在甘地陷入尴尬境地的时候，波尔邦达有一家商行写信给他的哥哥，提出了下列建议："我们在南非洲做生意，有一家大商行。我们在那里的法院里有一件重大的案子，牵涉到4万英镑的得失。这件案子已经进行了很长时间。我们聘请了最好的辩护士和律师。如果你能叫你弟弟到那里去，这对我们和他自己都有好处。他会比我们更恰当地使用我们的顾问。他自己也可以借这个机会见见世面，交些新朋友。"甘地的哥哥找他商量此事，他有意接受这个建议，可他不清楚自己到那里只是帮忙给顾问出主意，还是要亲自出庭，由于第一次出庭失败带来的顾虑，甘地想弄清自己具体要做些什么。

在哥哥的介绍下，甘地去见了达达·阿布杜拉公司的股东赛·阿布杜尔·卡利姆·嘉维立，这家公司就是想聘请甘地的那家商行。股东告诉他说："这不是一件困难的事，我们有好多欧洲的朋友，你到南非就会认识他们。你到我们的商行工作对我们很有用处，我们的信件多数是用英文，你可以在这方面帮我们的忙。你到那里当然算是我们的客人，所以不会有什么费用。"

“你要我替你们做多久事情?”甘地问道，“报酬是多少?”

“不会超过一年。我们负担你的来回旅费，坐头等舱的轮船，另外付给你 105 英镑，一切在内。”股东痛快地说。

这不像是给律师的待遇，倒像是给商店店员的报酬。然而一心想摆脱在印度的困境，到一个新国度去见识一下、体验一些新的经历的甘地却认为这是一个不应错过的机会，同时那 105 英镑还可以贴补家用，他也不计较待遇问题，欣然接受了这个建议，准备到南非去。

经过了许多事，当甘地再次准备离开印度到一个陌生的国度时，并没有像当年到英国去时那样觉得离别的痛苦，他的母亲已去世了，而且他也懂得了一点人情世故，去英国的经历又为他积累了旅行国外的知识，唯一让他放不下的是和妻子的别离，可到南非的吸引力却使他忍受了这种别离的痛苦。况且说好了只是一年左右的时间就会相聚的。于是甘地离开拉奇科特到孟买去了。

甘地到达孟买后，达达·阿布杜拉公司的代理人却未给他买到头等舱的船票，身为律师的他不肯坐统舱，他亲自去买船票，船上的大副告诉他因莫桑比克的总督要乘坐这条船，所有的舱位都订光了，看来代理人并未欺骗他。他只好请求大副给他挤个位子，这个大副把自己房间的床位让给了他。于是，在1893年4月间，23岁的甘地满怀希望地动身到南非去碰碰运气，以改变他在国内尴尬困难、举步维艰的状况。

上船后，甘地与大副成为好朋友；由于甘地肯陪船长下棋，使他对甘地产生了好感，还执意教甘地下棋，只是甘地并不十分爱好下棋。

大约航行了13天以后，船第一次停泊在拉漠港口，不过船只在此港停泊三四个钟头，他打算到岸上去透透气，也顺便开开眼界，可船长却告诫他要早点回来，这个海港风浪很大，到了岸上，甘地到邮局里去，在那里看见了几个印度职员便攀谈起来，并见到了几个非洲人，甘地对他们的生活方式觉得很新奇，想多了解一下，由此耽搁了一些时候。

这时在船上认识的几个统舱里的乘客正打算回到船上去，甘地便和他们一起搭一只舢板向轮船返回。此时港内潮水上涨，而舢板载客太多超重，浪潮又猛烈，舢板搭不住轮船，可开船的哨音已响过了，船长看到这情形后，下令延缓开船5分钟。幸好有朋友花钱雇了另外一个舢板来接他，可船上的吊梯已拉上去了，甘地只好拉住索绳上了船，船便马上启碇了。这时他才想到了船长的警告多么有道理，而自己因一时的好奇险些被扔在岸上。也幸亏他交了船长这个朋友，否则他也会如其他乘客一样被抛在岸上的。看来友谊的作用还真是很大的。

船过了拉漠，第二站是蒙巴萨港，然后便是赞稷巴港，由于在这里停的时间长达八九天之久，甘地另换了一条船。可是就在这段时间内发生的一件事对甘地影响很大。

船长喜欢甘地，因而邀他和一个英国朋友上岸陪他逛一逛，他把甘地带到了一个不该去的地方，那里住着些黑人妇女。当甘地被带到一个房间后，站在房里，羞得发呆了，原来这是一家妓院。当船长招呼他出来时，他才如梦方醒，他觉得非常害羞，除了害怕以外，什么也感觉不到了。

他厌恶自己的懦弱，并因自己连拒绝走进房间的勇气都没有而感到可悲。类似这样的事在以前也已经发生过，这已是第三次了。有很多本来是无辜的青年恐怕就是因为没有拒绝的勇气而陷入罪恶的深渊。甘地认为自己并不应该感到未受损害而感到光彩，如果他拒绝进入那房间才算有光彩。他再次感谢上帝拯救了他，这件事增强了他对上帝的信仰，并在一定程度上教导他追求着拒绝罪恶的勇气。

过了赞稷巴，便到达莫桑比克，5 月底甘地经过旅途的辛劳到达了纳塔耳。

纳塔耳的港口是杜尔班，也叫做纳塔耳港。阿布杜拉赛到码头上来接甘地。可就在船刚靠码头的时候，敏感的甘地已经发现在那些上船来接朋友的人中，印度人并不怎么受尊敬，他甚至观察到有些认识阿布杜拉赛的人对他都有一种藐视的神情，这使甘地很难受。刚刚一到南非，甘地便感受到了一点种族歧视的苗头。

甘地被送到那家商行的住所，他住在与阿布杜拉赛隔壁的一个单间。当时他们互相还不是很了解。由于甘地的服装和生活方式看起来很像欧洲人一样，阿布杜拉赛读着弟弟的信件，看到如此模样的甘地，以为弟弟给他送来一只昂贵而没有工作能力的白象，便不知如何是好。当时并没有什么特殊的工作可以让甘地做，他们的案子是在德兰士瓦耳进行的，他又不会到比勒陀利亚去看甘地办事，因当时被告都在比勒陀利亚，因而他不知怎样才能了解甘地的能力和为人，案子便不能交给甘地去做，而其他工作的职员可以做得更好，况且职员犯错误可以指责，可甘地错了他能怎么办呢？因而甘地刚刚一到便被认为是没有什么特别用处的人，且使得阿布杜拉赛感到很为难。

到达纳塔尔两三天以后，阿布杜拉赛便带甘地去看杜尔班的法院，在那里阿布杜拉赛介绍甘地认识了几个人，让甘地坐在他的法律代理人的身边。可庭长无礼地让甘地摘下头巾，甘地拒绝了，并离开了法庭。

事后阿布杜拉赛向甘地解释了为何让印度人摘下头巾的原因。他说在当时，只有那些穿伊斯兰教服装的人可以戴头巾，其他印度人在法庭内则需摘下头巾。为什么会有这样的区别呢？甘地事后了解到，在南非，印度人是被分成好几派的，一派是穆斯林商人，自称为“阿拉伯人”，另一派是印度教徒，还有一派是波希人，都是当职员的。这三种人彼此都有些联系，但拥有不同的社会关系。除此之外在南非为数最多的还有泰米尔、德鲁古以及北印度订有契约的和自由的工人这三种人所构成的阶层。其他三个阶层和这个阶层只有生意上的关系。英国称呼这个阶层的人叫做“苦力”，由于大多印度侨民属于这个劳动阶层，因而所有印度人都被叫做“苦力”或“沙弥”。做生意的人也被称为“苦力商人”了。“苦力”的原意却被遗忘了，而成为所有印度人的一个普通的称呼。

在这种情形下，戴头巾的问题是一个很重要的问题。一个人如果被迫摘下印度头巾，这无疑是忍受了一场耻辱。所以甘地想到不如戴一顶英国帽子，免受这种耻辱和引起不愉快的争论。

可阿布杜拉赛却对此持有不同的看法。他说："如果你那样做，影响一定很坏。那坚持要戴印度头巾的人，仍将置他们于何地？而且你戴印度头巾是很相称的。你要是戴上英国式的帽子，倒像是一个招待员了。"这一番夹杂着实际见识、爱国思想和一点点狭隘民族主义心理的话使甘地很赞成。但这一番话里对那些在旅馆里做招待员工作的契约工人来说却很不公正，当时人们认为做招待员是一种不体面的事。

关于戴头巾的问题，甘地给报馆写了一封信，在报纸上引起很多争论，有人批评，有人赞同和支持，甘地没想到刚来几天便无意成了报界争论的一个对象，无异于在南非做了一个意外的广告。由此甘地便得了一个"苦力律师"的称呼。

事实上在南非期间，甘地几乎一直都戴头巾，这是出于爱国，如果不是出于爱国，他是不会坚持戴印度头巾的。他是要表明自己是一个印度人，对那里的民族歧视也是一种反抗。

在无事可做的时候，甘地开始结识一些新的朋友，他认识了法院的译员保罗先生，一个罗马天主教徒，还认识了当时在新教会倡办的学校里教书的苏班·戈夫莱先生，同时结识了巴希·罗斯敦吉和阿甘吉·米耶汗。

正当甘地扩大交游范围的时候，这家商行接到了他们的律师的一封信，说应该准备好打一场官司，让阿布杜拉赛亲自到比勒托里亚或派一个代表到那里去。阿布杜拉赛有意让甘地去比勒托里亚。可当时甘地对案情一无所知，他必须了解案情。在商行职员的协助下，甘地仔细地弄清了案情，准备好了到比勒托里亚去。

在到达杜尔班七八天后，甘地又匆匆地离开了。他们给甘地买了一张头等车票，如果需卧铺另付 5 先令。阿布杜拉赛一定让甘地订卧铺；可由于甘地的固执和骄傲，也为了节省那 5 个先令，甘地拒绝了这个安排。可阿布杜拉还是告诫他："小心点，这里不同印度。"

火车晚上 9 时左右抵达纳塔耳的省城马利兹堡。卧铺是在这一站给的。当乘务员询问甘地是否要卧铺时，甘地说不用，自己有铺盖。一位乘客发现甘地是一个"有色人种”，便不高兴了，马上带了一两个官员回来。他们一言不发。

这时又来了一个官员对甘地说：“跟我来，你必须到货车厢里去。”

“可我有一张头等车票呀。”甘地反驳说。

“那不算数，”另一个官员反驳道：“我告诉你，你必须到货车厢里去。”那个官员说道：“你必须离开这个车厢，否则我只好叫警察推你出去。”

“好，你去叫吧，我决不会自动出去。”甘地毫不示弱地说。可结果他却被警察推了出去。他不肯到别的车厢去，只好到候车室里坐着，火车已开走了。

当时正是冬天，南非的冬天非常寒冷，而马利兹堡地势又高，冷得特别厉害。在这样一个寒冷的冬夜，在马利兹堡的候车室里，甘地开始想自己该做些什么，是为自己的权利进行斗争呢，或者干脆回印度去呢，还是把这个侮辱置之度外而赶到比勒托里亚去办完这件案子再回印度？纷乱的思绪困扰着他。

他又想如果没完成自己的责任就跑回印度去，这是懦弱的表现。自己现在所遭受的痛苦只是表面的，只不过是种族歧视的一种沉重的病症罢了，如果可能的话，自己应该设法去除这病根，为自己的权利而斗争，哪怕遭受再大的痛苦，也要把这种偏见消除。到南非的短短的经历，让甘地感受到这里的种族歧视如此严重，他埋下了要为消除这种偏见而斗争的决心。

没办法，甘地只好搭下一趟列车赶到比勒托里亚去了。第二天甘地给铁路局发了电报，并把此事告知了阿布杜拉赛。阿布杜拉赛立刻去见了局长，可局长却认为铁路当局的做法是正当的，不过他还是指示站长让甘地平安抵达他的目的地。阿布杜拉赛也通知了当地的印度商人和朋友去接甘地并照料他。那些人也诉说了他们也曾遭遇到不公的待遇，印度人乘坐头等或二等车就得准备受铁路官员和白种人的欺侮。

在马利兹堡甘地还是购买了卧铺票，火车终于把他送到了查理斯城。这一段经过前面的一场波折后倒是顺利了，可是更糟糕的事却还在后头呢，甘地也没有料到后来他还会遇到比乘火车时的麻烦更大的麻烦。

火车早上到了查理斯城。那时候，查理斯城和约翰内斯堡之间还没有铁路，只有驿站，中途要在史丹德顿过夜。甘地的车票尽管在马利兹堡耽搁了一天依然有效，况且阿布杜拉赛还给查理斯城的驿站经纪人打了一个电报。

可那位经纪人却想借故把甘地丢下。他发现甘地是个生客，便说："你的票已经取消了。"甘地据理反驳了那个经纪人，其实那位经纪人是另有打算。他看到甘地是个生客，而且又是个被人看作"苦力"的印度人，白人"领班"便不想让他坐到车厢里，而想让他坐在马车两边的座位上去，那本是"领班"坐的位置。

为了早点到达自己想去的地方，这一次甘地只好忍受这种侮辱，强迫自己坐到车夫的旁边去了。在下午 3 点钟时，车到了巴德科夫，这时领班却想坐到甘地的位子上去吸烟，或者换换空气。于是他拿了一块脏乎乎的麻布铺在脚踏板上对甘地说："沙弥，你坐这里，我要坐在车夫旁边。"这种侮辱也太过分了，甘地实在忍无可忍了，颤抖着对他说："这是你让我坐的地方，虽然我应该坐在里面，那种侮辱我已经忍了，现在你想到外面来吸烟，却叫我坐在你脚下，我办不到，除非你让我坐到里面去。"

在甘地的话还未讲完的时候，那个人便过去使劲给了甘地几个耳光，并抓住他的胳膊，想把他拉下车，甘地用力地拉住了车厢的铜栏杆不松手，那家伙一面骂他，一面不住地打他，而他却不动声色。这情景乘客们全看在眼里，有几个乘客看到甘地那个样子产生了怜悯，便对那人说："汉子，由他吧。别打他了，不能怪他，他说得对。如果不让他坐在那里，就让他进来和我们一起坐吧。"那个家伙似乎有点泄气了，放了甘地的胳膊，不再打他了，不过一边骂着，一边让车厢另一边的那个仆人过来坐在脚踏板上，自己坐到那边的空位子上去。可甘地还无法安下心来，因为马车再次启程后，那个家伙却威吓他说："你当心吧，等我到了史丹德顿，你再看看我的厉害。"甘地只好在心里祈求上帝的保佑了。

当马车到了史丹德顿后，甘地看到有人来接他，悬着的心才放了下来，如释重负地松了一口气。他一下车，接他的朋友们便告诉他说："我们是到这里接你到赛伊沙的店里去的，我们接到了达达·阿布杜拉的一封电报。"甘地很高兴地随他们到赛伊沙·哈齐·苏玛尔的店铺里去了。

他把路上的遭遇讲给店员们听，店员为他难过的同时也诉说了他们自己的惨痛经历来安慰甘地。

甘地把他的遭遇写信告知了驿车公司的代理人，叙述了路上所发生的每一件事，并让他保证第二天早上赶下一程时，让自己和其他旅客一齐坐在车里。代理人回信是这样说的："从史丹德顿起，我们有一辆大一点的车子，由另外几个人负责，你所申诉的那个人明天不在那里，你可以同其他客人坐在一起。”因而第二天甘地顺利地到了约翰内斯堡。

史丹德顿是一个小村庄，约翰内斯堡却是一个大城市。阿布杜拉赛本来已打了电报到约翰内斯堡，还给了甘地穆罕默德·卡山·康鲁丁商店的地址。可他派来接甘地的人与甘地互相不认识，甘地只好去住旅馆。可他没想到，他见到了旅馆经理要一个房间时，经理却客气地说：“很对不起，客满了。”甘地只好按地址找穆罕默德·卡山·康鲁丁的商店去了，阿布杜尔·甘尼赛正在那里等他呢。

他听了甘地关于住旅馆的经历后不禁大笑起来。并说：“你想住旅馆，这不是梦想吗?”甘地不明白，便问：“为什么?”“你在这里住几天就知道，只有我们才能够在这种地方住下来，因为，为了赚钱，忍受一些侮辱也无所谓。就是这么回事。”跟着他便把印度人在南非所吃的苦头讲给甘地听。然后他又接着说：“这种地方是不适合像你这种人居住的。现在瞧吧，明天你上比勒托里亚去，就只好坐三等火车。德兰士瓦的情形比纳塔耳更糟，头二等车票从不卖给印度人。”

“你们在这方面大概没有进行过持久的努力?”甘地问道。

“我们提过意见，不过我得承认我们自己的人照例也不愿意坐头二等车。”

尽管如此，甘地还是决定坐头等车去比勒托里亚，他对甘尼赛说：“我还是想坐头等车去，如果买不到票，宁肯租一辆马车，总共也不过 37 英里的路程。”

阿布杜尔·甘尼赛却提醒他注意，那样既花时间，又费钱，不过他还是同意甘地坐头等车的意见。于是他们给车站站长送去了一张条子。在条子上甘地声称自己是个律师，出门总是坐头等车船，并说需尽早赶到比勒托里亚，因来不及等他回信，愿意到站上面洽，希望能买到一张头等车票。

当时甘地怕站长给他一个否定的答复，因而说等不及回信，要面见站长。于是甘地穿上最讲究的英国服装去见站长，并拿出买车票的一英镑放在柜台上，说买一张头等车票。

站长问：“那张条子是你写的吗？”

“就是。你只要给我一张车票，我将不胜感激。我今天必须到比勒托里亚去。”

听了甘地的回答，站长和气地对他说：“我不是德兰士瓦人，我是一个荷兰人，我懂得你的感情，也同情你，我确实愿意给你一张车票，但有一个条件：如果列车员叫你转到三等车厢里去，你不要把我牵连进去，就是说，你不要控告铁路公司，祝你一路平安，我知道你是一个绅士。”

甘地给了他保证后，站长便卖给甘地一张车票。这使来送行的甘尼赛又惊又喜，但他告诉甘地说：“只要你能平安到达比勒托里亚，我就谢天谢地了。我担心他们还是不会放过你，即使他同意你坐在头等车厢，别的乘客也不会答应的。”

不管怎么说，甘地拿到了头等车票，坐在头等车里了。

当火车到了日耳米斯顿时，查票员上来查票。他看见坐在头等车里的甘地后便很生气，用手指做手势让他到三等车厢去，甘地拿出车票给他看，他却说不算数，仍旧让甘地到三等车厢去。

这时车厢里只有一个英国乘客，他为甘地打抱不平地说：“你这样麻烦这位先生是什么意思？难道你没看见他有一张头等车票吗？他和我坐在一起，我一点也不介意。”然后转过来对甘地说：“你就在你原来的地方舒舒服服地坐着吧!”

那个查票员讨了个没趣，只好喃喃地说："只要你愿意和一个苦力一起赶路，那又关我什么事?"说完便走了。

这样在当晚8时左右，甘地一路艰辛地到了比勒托里亚。这一路上甘地备受种族歧视者的侮辱，也正是在南非的这种经历，使他决心为消除这种种族歧视而斗争，也为民族解放而斗争。最终他成为印度民族解放的领袖和英雄，不能说这一路上的经历对他是没有影响的。

比勒托里亚的日子

经历了艰难的旅程，甘地终于到达了他的目的地比勒托里亚。他以为达达·阿布杜拉的律师会派人来接他，因为在来此地之前，阿布杜拉赛已经告诉他不要轻易住到印度人家里去，因为他们的对手在这儿很有势力，以免他们的书信和秘密被对手得知。而甘地也答应了他的要求。可并没有人来接他，原来这一天是星期天，或许那位律师派人来也很不方便。这下可使甘地很为难，因为他已领教过旅馆的厉害，他担心没有旅馆肯收留他，他一时不知该如何是好。

1893 年的比勒托里亚车站灯光黯淡，旅客稀落。甘地等旅客都走了以后，把车票递给检票员，并询问什么地方可以投宿，要不然他就得在车站过夜了。可检票员并没有给他多少帮助，而这时站在旁边的一个美国黑人看到甘地的困境便和他攀谈起来。他说：“这么说来，你是一个没有任何朋友的真正的生客了，如果你愿意跟我来，我可以带你到一家小旅馆去，老板是一个美国人，我跟他很熟，我想他会收留你的。”尽管甘地对这个人的建议有些怀疑，可在目前状况下，他也别无选择，只好接受了他的建议，向他致谢后跟他去了。

那人把甘地带到约翰斯顿家庭旅馆，约翰斯顿答应他住一夜的条件是：甘地只能在自己的房间用饭。因为这里只有欧洲客人，如果甘地去饭厅吃饭，老板害怕客人会不高兴。

这里到处都可以窥见种族歧视的痕迹。甘地只好保证不到饭厅里吃饭，而且只住一夜，明天就会和律师取得联系的。可正当甘地一个人孤零零地坐在自己的房间里等招待员送饭来时，老板约翰斯顿却亲自来了，他告诉甘地，他征求了其他客人的意见，那些客人对甘地去饭厅吃饭和在这儿投宿毫不介意，甘地可以到饭厅里去用餐了。并不是所有的欧洲人都戴有色眼镜的。甘地很高兴地到饭厅饱餐了一顿。

第二天早上，甘地拜访那位律师阿·伍·贝克先生，把有关自己的一切情况都向他说明了。

贝克说：“我们这里没有什么律师的工作可以委托你做，因为我们已经请了最好的顾问。这件案子拖了很久，也很复杂，所以我想请你帮忙的，只不过是了解一些必要的情况。而且你自然可以使我和当事人的来往更便利些，因为今后我所需的一切情况都可以通过你获得，这当然有好处的。我还未给你找到住处，我想最好等见到你以后再说。这里有一种可怕的种族偏见，所以为你这样的人找住处是不容易的，不过我认识一个贫苦女人，她是一个面包师的妻子。为了增加一点收入，我想她会收留你。”于是贝克把甘地带到她家里，她果然同意收留甘地，食宿在内每周 35 先令，这样，在比勒托里亚甘地总算安顿下来了。

贝克先生虽然是个律师，可同时又是一个坚定的普通的传教者。在甘地和他第一次见面的时候，他便探听甘地对宗教的见解。

甘地告诉他：“我生来是一个印度教徒，可对印度教所知有限，对其他宗教知道的就更少了。在宗教问题上，我也不知自己在相信什么和应当相信什么。我想好好研究一下自己的宗教，如果可能的话，也想研究研究其他宗教。”

贝克先生听了甘地的话后很高兴地说：“我是南非宣教总会的董事之一。我自己出钱盖了一座教堂，按时到那里讲道。我没有种族成见。我有几个同事，我们每天下午一点钟都在一起聚会几分钟，祈求和平和光明。如果你愿意去参加我们祷告，我会很高兴的。我可以介绍你认识我的同事，他们一定喜欢见到你，而且我敢说你也会喜欢和我们在一起的。此外，我还可以给你几本宗教书籍看看，自然啰，圣经算是万圣之书，这是我要特别向你推荐的。”甘地答应了贝克准备明天去参加下午1点钟的祷告会，当时并未仔细考虑这个问题。

和贝克先生告别后，甘地付了约翰斯顿的房钱，便搬到新的住处，吃过午饭后又去见了阿布杜拉赛介绍的一个朋友。那个人告诉他旅居南非人所受的苦难，又一次让甘地觉得种族歧视的可恶。天黑以后，甘地吃过晚饭，躺在床上才想起白天贝克先生提到的问题。

甘地心想，贝克先生对自己有这样的兴趣，究竟是什么意思呢？自己从他的教友们那里能得到什么呢？对基督教能研究到什么程度？怎样才能弄到印度教的书籍呢？对自己的宗教还没有透彻的了解，怎么能够正确地了解基督教呢？

当时通过思考这许多问题，甘地得到一个结论：应当排除情感，研究所碰到的一切事物，至于贝克先生的团体应如何应付，只好顺其自然了，在自己还没有完全弄清楚自己的宗教以前，不应当信奉另一种宗教。

尽管甘地并未打算信奉基督教，可在参加贝克先生的祈祷会后却和基督教徒有了往来。在那里甘地认识了赫丽斯小姐、嘉碧小姐、柯慈先生及另外几个人。赫丽斯和嘉碧小姐都是上了年纪的未婚女士，柯慈先生是教友会的会友。这两位女士住在一起，她们给甘地一个常年的邀请：每星期日下午 4 点钟到她们那儿去喝茶。每逢星期日他们见面时，甘地总是把一周来所作的宗教日记请柯慈先生过目，并和他们讨论自己所读过的书以及这些书给自己留下的印象。

柯慈先生是一个坦白而坚毅的青年，甘地除了星期日和他聚会讨论有关一些宗教问题和交流一些书籍的感想外，还常和他一同散步，或去看别的基督教教友，这样不久他们便较熟悉了。柯慈把自己所选择的书给甘地读，他用这些书充实了甘地。这一类书甘地在 1893 年读了不少，已不能完全记得所有的书名，不过还记得其中看这样的一些书：贝克博士的《城庙评注》，皮尔逊的《很确凿的证明》和巴特勒的《对比论》。

这些书有一些甘地很喜欢，有一些并不十分喜欢。不过《对比论》给他留下的印象很深。甘地认为这是一部精湛艰深而又打动人心的著作，要想能理解这部著作，必须反复研读几遍才行。

柯慈先生一心想让甘地信奉基督教，可甘地并没有这一打算。柯慈先生也并不是一个轻易认输的人，仍对甘地很关心，想对他加以影响。

有一天他看见甘地脖上戴着罗勒念珠的毗湿奴教项链，他以为这是一种迷信，心里很不舒服。便说："这种迷信对你是很不合适的。来，让我把这项链弄断。"

"不，千万使不得，这是我母亲送我的圣礼。"甘地急忙说。

"可你相信它吗?"柯慈反问甘地。

"我不了解它的神秘的意义，如果我不戴它，我想我也不会有什么损失。但是没有充分的理由，我决不能把这条项链取下来，因为我的母亲把它戴在我的脖子上是出于她的爱和一种信念，以为它有助于我的幸福。当它随着岁月的消逝而自行耗损，终至破断的时候，我不会再想去弄一个新的。可是这条项链不能折断。"

柯慈先生当然无法理解甘地的理论，他对印度教的某些教规也不是很清楚，但他认为只有基督教才代表真理，他盼望有一天会把甘地拯救出来。因而他力图使甘地相信只有耶稣过问才可以洗涤他的罪过，否则他不可能得救，不管他做多少好事，也都于事无补。

在柯慈先生的介绍下，甘地认识了一个属于普鲁茅斯教派的基督教友。当他与这个家庭来往时，普鲁茅斯教友会的一个教友提出的一种理论却使甘地很吃惊。

那位教友说："你不能理解我们的宗教有多么美。照你所说的，你的生命的每一个时刻似乎都用于忏悔你的过失和改过自新的工作上。这种周而复始循环不已的行为，怎么能使你得救呢？你是永远不能得到平安的。你承认我们都是罪人。现在看看我们的信仰是多么完美。我们自己改过自新是没有用处的，但是我们必须得救。我们怎么背得起罪恶的包袱呢？我们只能把它放在耶稣的身上。他是唯一无罪的上帝的儿子。凡信他的，必得永生。上帝的慈悲就在于此。如果我们相信耶稣替我们赎罪，我们的罪就不会束缚我们。我们是免不了要犯罪的。人生在世而无罪过是不可能的。耶稣就因此受苦，并为人类救赎所有的罪过。只有接受他救赎的人，才能够得到永恒的平安。试想你的生活是多么惶惶而不安，我们却得到了平安的许诺。"

甘地对他的这一番宏论实在不敢苟同，他反驳他道："如果这就是所有的基督教徒所承认的基督教，我便不能加以接受。我并不寻求从自己的罪恶的后果中得到救赎。

我所寻求的是从罪恶的本身，或者说是从罪恶的思想本身得到救赎。在我没有达到这个目的以前，我宁可过着不安的生活。”

从这一段话中可以看出甘地那诚实的品格，他不肯借助宗教来逃避自己所犯下的罪过，而是走通过对自己所犯罪过的反思来使自己得到经验教训，使自己以后能避开这种罪恶。同时他相信并不是所有的基督徒都相信这样的救赎论。柯慈先生就相信自我纯洁是可能的，因而柯慈担心甘地会因他听了那位教友的救赎论而对基督教产生偏见。可甘地向他重申了自己绝不会因这件小事而对基督教产生偏见。但这时的甘地仍然无法接受基督教。不过他与基督教徒的交往更多更深了，这也与贝克先生的关怀是分不开的。

贝克先生对甘地的前途也很关心。他把甘地带到威灵顿大会去。新教派的基督教徒每隔几年便召开这样的大会，使信徒们得到一种启发或自洁。这也可以说是一种宗教维新或宗教复兴。大会主席是当地有名的安德禄·穆莱牧师。

贝克希望大会上使人感奋的宗教气氛和赴会者的热忱和诚笃会使甘地皈依基督教。他还把希望寄托在祷告的功

效上，并举出很多例子，讲述祈祷的功效。甘地向他保证：当他感觉到内心的呼唤时，没有什么东西会阻止他皈依基督教。甘地之所以给贝克这样保证，因为甘地做事向来顺应自己内心的声音，如果背着这种声音做事，对自己来说不但很困难，也会使他感到痛苦。基于这保证，也是贝克先生想使甘地信奉基督教的意愿，他们便准备动身到威灵顿去了。

在去威灵顿途中，贝克先生带着像甘地这样被认为是“有色人种”的人赴会也遇到了麻烦。有好多次贝克因此而遇到不便。

有一天碰巧是星期日，由于贝克先生和他的同伴不愿意在安息日旅行，他们便在途中逗留下来。费了好多周折，车站旅馆的经理才同意让甘地留宿，但绝不让他到餐厅去吃饭。

贝克先生不是一个轻易让步的人，他要为旅馆的客人争取权利。可在当时民族歧视比较严重的情况下，他又很为难，尽管他竭力掩饰他所遇到的困难和不便，可甘地却看得清清楚楚。况且自来南非以后，他所感到的种族歧视也不是第一次了。特别是印度人在南非的遭遇，也使甘地清楚地认识到这种民族偏见。这也是后来甘地之所以要改变这种局面的一个原因吧。

这个大会是虔诚的基督教徒的集会，甘地对于他们的诚心感到高兴。他会见了穆莱牧师，也知道很多人为他祈祷，也喜欢他们唱的一些圣诗。大会开了3天，尽管甘地理解并欣赏那些赴会的教徒，然而他并不觉得有什么理由使他可以改变宗教信仰，并且他不相信只有成为基督徒才能进入天堂或得到解脱。当他把自己的这种想法直率地告诉几个相好的基督教朋友时，他们都很吃惊，然而他们也无能为力，没有办法使甘地改变他的观念。

参加了这个大会，贝克并没有使自己原来的打算得以实现。来之前和来之后，甘地仍旧对基督教存有疑虑。而甘地的困难尚不止于此，他实在无法相信耶稣是上帝化身的独生儿子，只有信仰他的人才能得到永生。倘若上帝能有儿子，人们都可以算是他的儿子。若说耶稣像上帝，或者就是上帝本身，那么所有的人都像上帝，或者就是上帝。甘地认为说耶稣的确是以他的死和他的血来赎救世界的罪恶当作寓言还有几分道理，他是不肯相信的。另外，根据基督教的信仰，只有人类才有灵魂，其他生物却没有，所以对它们来说，死亡就等于完全的毁灭，甘地却不以为然，他的信仰恰恰相反，他可以承认耶稣是个殉道者，是牺牲的体现者，是个神圣的大师，但不能认为他是空前最完善的人。他死在十字架上对人世来说，是个伟大的示范，但如果这件事本身有什么玄妙或奇异的好处，甘地是无法接受的。他认为就哲学上说，基督教的原理并没有什么高超的地方。倘若以牺牲精神而论，他觉得印度教徒远远胜过基督教徒。因而甘地并不认为基督教是一种完美无瑕的宗教，更不认为它是一种最伟大的宗教。

在对基督教产生疑问的同时，甘地也并不认为印度教就是完美无瑕而伟大的宗教。他深切感觉到印度教徒的缺点。他认为“不可接触者制度”（是印度教的一种社会制度，当时印度社会除四大种姓外还有一个不可接触者阶级，被称为‘贱民’，被认为是不洁的、有罪的，不能用公共的水井，不能进寺庙……）是印度教腐朽的部分，他无法理解宗派和种姓的存在。既然说《吠陀》是上帝所启示的，那为什么《圣经》和《可兰经》就不是呢？因此在宗教问题上甘地陷入了迷惑，特别是除了基督教的朋友设法改变他的信仰外，伊斯兰教的朋友也那样做。他只好把他的困难写信告诉赖昌德，同时还和印度其他的宗教权威通信，并且得到他们的答复

赖昌德来信让他要忍耐，更深一步地研究印度教。并

且有一句话甘地印象深刻："若以冷静的眼光看待这个问题，我相信别的宗教没有印度教那么深远的思想，没有它对于心灵的洞察，或它的博爱精神。"于是甘地开始对宗教作了进一步研究。

甘地买了一部谢礼译的《可兰经》，开始读了起来。同时还弄到了关于伊斯兰教的其他书籍。并和住在英国的基督教朋友通信，其中有一个朋友把甘地介绍给爱德华·麦特兰，甘地便开始同他通信。他寄给甘地一本《完美的道路》，这是他和安娜·金世福合著的书，这本书对流行的基督教信仰提出了反面的看法。他还给甘地寄了另一本书《圣经新诠》。这两本书甘地都很喜欢，它们似乎是支持印度教的。而托尔斯泰的《天国就在你心中》更使甘地倾倒，给他留下了一个不可磨灭的印象，在它的独立思考、深奥的道德和求真精神面前，柯慈先生所给他的书籍似乎全都黯然失色了。

甘地对宗教进行了初步的研究，而这种研究把他带到了他的那些基督教朋友所未料到的方向。尽管他走了基督教朋友所不想叫他走的道路，但对他们在他内心唤起的宗教的向往，甘地却是永远感念不忘的。正是这种宗教的呼唤，才使他研究了各种宗教。

在甘地到比勒托里亚以后，在他并未有什么实际工作的时间里，他不仅和基督教朋友交往，进行宗教研究，与此同时，他还设法和印度人来往，了解当地印度侨民的状况。

铁布·哈齐汗·穆罕默德赛在比勒托里亚的地位和声誉是很高的，凡有公众活动，少了他就无法进行。好在甘地刚到比勒托里亚的第一周就认识了他。甘地告诉他自己很想和那里的每一个印度人有所接触，有一种想研究那里印度人情况的愿望，请他帮助，铁布赛很高兴。

甘地的第一步是召集了一个集会，请比勒托里亚所有的印度人都来参加，打算把德兰士瓦的印度人的情况告诉他们。

这次会议在哈齐·穆罕默德·哈齐·朱萨布赛的家里举行。到会的大半是弥曼商人，虽然也有几个印度教徒参加了，但当时住在比勒托里亚的印度教居民就很少。在这次会上甘地作了他生平第一次公开演说。他在演说中强调了商业上的诚实，当时有些做生意的人说商业和诚实是不能并立的，他们说商业是很讲实际的，而诚实则是一件宗教的事情；他们认为实际是一回事，而宗教却是另一回事。他们以为做生意谈不上纯粹的诚实，除非是切实可行，人们是轻易不说的。

甘地在演说中竭力非难这种说法，使商人觉悟到他们的双重责任：在外国诚实格外重要，因为少数几个印度人的行为乃是他们的亿万同胞的品行的准绳。在演讲中甘地还针对当时他们人民的习惯和生活还不是很讲卫生的情况，让他们加以注意，同时还强调了让他们忘却诸如印度教徒、穆斯林、波希人、基督教徒、古遮拉特人、马德拉斯人、旁遮普人、信德人、卡赤人、苏尔特人等差别的必要性。由此可以看出甘地是没有任何民族偏见的，他认为普天之下的人民都应该是平等的，在前边他研究基督教时便曾经有过这样的观念，他说如果耶稣是上帝的本身，那么所有的人都是上帝。

在会议结束时，甘地建议成立一个协会，以便把印度侨民的苦处陈述于有关当局，以便争取印度人所应有的权利，他并表示可以抽出时间为这个协会服务。

在这次会上还决定以后每周或可能时每月开一次这样的会。这次会开得比较圆满，而且甘地给参加会议的人留下了很深的印象。

由于定期地召开这种会议，甘地很快地熟悉了当时住在比勒托里亚的印度人，而且也了解了他们的情况，借此他去见了比勒托里亚的英国监督官贾科布斯·戴·韦特先生。这位监督官很同情印度人的处境，可他没有什么势力，无法改变那种局面，可他答应甘地尽其所能帮助他们。

在这同时，甘地还写信给铁路当局，告诉他们，根据他们自己的规章，印度人也不该受到旅行限制。可他得到的答复却很令人失望，回信称：印度人只要是服装合适的，当然可以买头二等车票。可这如何能解决问题呢？什么叫服装合适，那衡量的尺度又是什么呢？决定权还不同样是操纵在站长手上吗？印度人仍旧得不到公正的待遇。

从英国监督官和铁布赛给他的一些关于印度人事务的文件里甘地得知，印度人是如何被残酷地驱逐于奥伦治自由邦之外的，这需要追溯一下历史的原因。

奥伦治自由邦的印度人，由于 1888 年或者更早的时候所订立特殊的法律，而被剥夺了所有的权利。如果他们想在那里住下去，就只有到旅馆去当招待员或干些类似的卑贱工作。做生意的被赶走了，只给了一点点名义上的赔偿，尽管他们请愿，递交了申诉书但没有结果。而在德兰士瓦于 1885 年通过了一个更严酷的法律，1886 年略有修改，根据这个法律，所有的印度人到德兰士瓦都得交纳 3

英镑的人头税，除了在特别划给他们居住的地区内，他们不得拥有私有土地，可实际上他们根本没有土地的私有权。他们还没有选举权，所有这一切都是根据那个为亚洲人而立的特殊的法律，其他适用于有色人种的法律对他们也有效。根据这些法律，有色人种、印度人都不得在公共的人行道上行走，如果没有许可证，不得在夜间 9 时以后出门。而这一条对印度人来说更不公平，凡被认为是“阿拉伯人”的人，作为一种优待，都可以免受这项规定的约束。这样一来，谁能享受优待只有警察说了算了。

关于不得在公共人行道上行走和不许在夜间 9 时以后出门的规定，甘地本人有切身体会。当时甘地常常和柯慈先生在夜间出去散步，很少 10 点以前回家。可一旦警察把他抓起来那可怎么办呢？这个问题同样困扰着柯慈先生，他可以给他的黑人仆人发通行证，可他又不是甘地的主人，无法给他发通行证，况且那是违法的。无奈，柯慈先生只好带甘地到当地的检察长克劳斯博士那里，原来这人和甘地竟是校友。可他尽管对甘地深表同情，也并未给他发一张通行证，而只是给了他一封信，授权他出门时警察不得干涉。甘地出门的时候便带上这封信，庆幸的是他一次也没有用到它，这不能不说是一种意外，或许警察也怕麻烦去弄清他是印度人中的哪一个派别吧。不过值得庆幸的是他自此结识了克劳斯博士，这种关系在他以后的生活中很有用，以便利于他的工作。

关于使用人行道的规定对甘地的遭遇的影响可比不让夜间出门坏多了。

当时他常常走过总统大街到一块空旷的地方去散步。克鲁泽总统的房子就在这条街上，是一栋非常普通的、不惹人注意的建筑物，只有在看到门前放哨的警察时才表明它是某一位官员的房子。甘地总是沿着人行道不声不响地走过那名岗哨，这些岗哨是常常轮班调换的。有一次有一个警察没做任何提示性的警告便把甘地推开，并把他打到街上去了，当时弄得甘地不知所措，几乎惊呆了，而正巧这时柯慈先生骑马走过这里，便招呼甘地说："甘地，我什么都看见了。如果你到法院里去控告这个人，我将乐意作证人。你遭受到这样粗暴的殴打，我觉得非常遗憾。"

可甘地并不想控告这个人，因为他也只是执行条文而已。柯慈申斥了那个警察，那位警察只好道歉。从此甘地再也不走这条马路了，他不想再发生这种不愉快的事，他选择了另外一条路散步。这件事加深了他对于印度侨民的感情。

在比勒托里亚的居留以及和那里印度人的来往，使甘地有可能就德兰士瓦和奥伦治自由邦的印度人的社会、经济和政治情况进行了一次研究。通过对印度侨民的艰苦情况进行的研究以及读到的材料、听到的谈话以及自己的亲身体验。甘地明白南非不是一个有自尊心的印度人住得了的国家，如何才能使这种情况获得改善，便成为他心中不得不考虑的越来越操心的问题了。

和基督教徒的交往以及和印度侨民的交往或是对宗教的研究都没有使甘地忘记自己到南非来的目的，那就是达达·阿布杜拉的案子。

达达·阿布杜拉的案子不算小，牵涉到 4 万英镑的得失。因为它是由商业交易引起的，所以里面涉及许多琐碎的账目。有一部分要求是根据已经交付的期票，另一部分是根据对方交付期票的特别承诺。被告的辩护是说这些期票不是以合法的手续取得的，而且缺乏充分的理由。这个微妙的案子充满了无数的事实和法律问题。原告和被告双方都聘请了最有才能的律师和法律顾问。

甘地负责给律师准备原告的案由和挑选一些有助于他的案子的事实，因而便可以看到自己准备的材料有多少被律师所采纳，有多少被舍弃，同时也可以看到律师所准备的材料究竟哪些是由法律顾问所采用的。这对甘地的确是一种教育，锻炼了他的理解力和运用证词的能力。甘地对这个案子有着极为浓厚的兴趣，他把所有关于这些交易的文件都看过了。当事人很信任他，使他的工作没有任何障碍，由于对簿记学的研究，他的翻译能力也有提高，因为来往信件大部分是古遮拉特文，需要翻译。

由于甘地把精力放在案子的准备工作上，因而他对案情的了解不亚于当事人。在研究案子过程中，甘地发现他的当事人的理由虽然很充足，可法律却似乎对他不利，为此他请教了南非著名律师李昂纳先生。李昂纳先生让他在案子的事实方面，作进一步研究，然后再去找他。甘地便把事实重新作一番推敲，并且在无意中还找到了一件和这个案子颇为相似的南非旧案例。当他再次去见李昂纳先生，把自己的发现告诉他时，李昂纳先生说这场官司打赢的可能性很大，当然还要弄清是谁经办这个案子。

通过这番调查，甘地发现事实在办理案子中的重要作用，他得出了这样的结论：事实就是真理，我们一旦依附了真理，法律自然就会来帮助我们了。

甘地知道达达·阿布杜拉的案子，事实的确是极有力的，因而法律方面当然是有利的。可是他觉得，如果官司继续打下去，原告和被告双方就会两败俱伤，而他们彼此都是亲戚又是同乡，谁也不知道这件案子要到什么时候才能了结。如果让它继续在法庭里弄个水落石出，它可能无限期地打下去，这对双方都没有好处。其实双方都希望立即了结这个案子。甘地便想从中调解，让他们双方尽快把这个案子了结。

他见了铁布赛劝他去找人仲裁，向铁布赛建议让他找他的法律顾问，提议如果能找到双方都可以信任的仲裁人请他出来公断，这个案子就可以迅速获得解决。

当时，律师费急速增长，尽管当事人都是商人，也经受不了这么庞大的支出，这件案子占有了他们过多的注意力，使得他们连做别的事情的时间都没有了，同时相互间的恶感也不断上升。况且不管哪一方胜诉，双方的费用都不会小。因而甘地觉得有责任使他们双方重归于好。

由于他的努力，铁布赛总算同意了。仲裁人也选定了。结果阿布杜拉获胜。

然而这并未使甘地感到满足。如果阿布杜拉要求铁布赛全数付清 37000 英镑是不可能的。因当时旅居南非的波尔邦达弥曼人有一条不成文的法律，就是宁肯死亡而不愿破产。可铁布赛不愿意少付一个铜板，也不愿宣布破产。

这只有一个办法，就是达达·阿布杜拉同意他分期偿付为数不大的款项，阿布杜拉慷慨地答应了，时间也拖得很长。取得分期付款让步，对甘地来说，比促使他们同意仲裁还要困难。可是双方对于这个结局都很满意，也得到了舆论的推崇，甘地的快乐是不可言喻的。

通过办这个案子，甘地学会了法律的真实的实践，学会了通过掌握人性之善良的方面而深入人们心灵。他懂得了律师的真正职责并不是寻找法律来支持他们的当事人在法庭上获胜，而是使当事人之间的嫌隙消除言归于好。

这个教训是那样深刻地印在他的心里，以至于在他执行律师业务的 20 年间，大部分时间都花在促成案件的私下妥协。这样对他的收入和精神都没有什么损失了。这体现了甘地那善良和博爱的品格，他不希望他的当事人弄得两败俱伤，他希望看到人们和平相处，不分地位尊卑，都在同一个蓝天下快乐地生活。

定居纳塔耳

甘地负责的案子已经了结了，他便没有理由再住在比勒托里亚了，他赶回杜尔班，并开始作回国的准备。

可是阿布杜拉赛却非要为他饯别，否则不让他去，在西登罕为他举行了饯别宴会，并准备在那里消磨一整天。

没想到正是这一次饯别的宴会成为甘地定居纳塔耳的一个契机，也促使他为南非的印度人争取应有的权利而斗争。从此便走上为那里的印度侨民服务的征程。

在饯别宴会上，甘地不经意地翻阅报纸，偶然中看到一张报纸的角落里有一段题为“印度人的选举权”的新闻，谈到当时立法议会正在讨论的法案，企图剥夺印度人选举纳塔耳立法议会议员的权利。当时甘地还不知道有这么一个议案。于是他就这个问题问阿布杜拉赛。

阿布杜拉赛说：“这些事情我们懂得什么呢？我们只懂得那些关系到我们生意的事情。你知道，我们在奥伦治自由邦所有的营业全完了。这使我们急躁起来，可是没有用。况且我们都是一些不中用的人，都是没有受过什么教育的，我们看报纸，一般只是为了弄清当天的行情等等，还能懂得什么立法不立法？我们的耳目就算是这里的欧洲律师了。”

“可是，这里有那么多本地生的印度青年受过教育，难道他们不帮助你们吗?”甘地反问。

“他们呀!”阿布杜拉赛失望地叹了一口气，“他们从来不屑于到我们这里来，而且老实告诉你吧，我们也不愿买他们的账，他们都是基督教徒，都得仰承白种人牧师的鼻息，而这些牧师又得受政府的管辖。”

这一番话却令甘地很不解，他觉得这些人也是自己的同胞，难道因为他们信奉基督就不再是印度人了吗?

然而他就要回国了，心里所想的一时又表达不出来，便对阿布杜拉赛简单地说：“这个法案如果通过了而成为法律，那就会使我们处境极为困难，这是钉入我们的棺材的第一支钉子，它打中了我们自尊心的根蒂。”

“可不是吗,”阿布杜拉赛也附和说，“我告诉你选举权的问题的来龙去脉吧。我们本来是什么也不懂的，但是我们最要好的一个律师艾斯坎比先生——这人是你认识的，把这个问题装进了我们的脑子里。事情是这样的：他是个伟大的战斗者，他和码头工程师钩心斗角极为猛烈，他怕这个工程师会剥夺他的选票而在选举中打败他。所以他就把我们处境对我们说了，而我们也就在他的指使之下全都登记为选民，并且投了他的票。现在你该明白对于我们来说，选举权并没有像你所估量的那种价值了吧。不过我们懂得你的意思，那么你的意见究竟应该怎么办呢？”

别的客人都在注意倾听这席谈话，其中有一个人说：“要不要我告诉你该怎么办？你退掉这一条船的船票，在这里多住一个月，那么我们就照你的吩咐去进行斗争。”其他的人也齐声附和：“好主意，好主意。阿布杜拉赛，你一定把甘地留下。”

阿布杜拉赛说：“现在不用我留他了，因为你们也有权利留他。不过你们说得对，让我们大家劝他留下来吧，可是你们要记住他是一个律师，他的费用怎么办？”

提到费用问题，甘地觉得很难过，便脱口而说：“阿布杜拉赛，费用不成问题，为公众服务不能收费。如果能作为大家的一个公仆，我可以住下来。不过你知道，我和这些朋友不熟，如果你相信他们会合作，我便打算多住一个月。可是有一样，虽然你们不用给我什么钱，但我们打算进行的这种工作的性质，如果没有一点儿基金是搞不起来的。例如有时我们也许要发电报，印发一些文件，或者还得派人到处走动，和当地的律师商量，而且由于我还不熟悉你们的法律，我也许需要几本法律书籍作参考，所有这些都需要钱的。而且这件工作显然不是一个人做得了的，得有很多人出来帮忙才行。”

于是大家异口同声地对甘地说：“你是伟大而仁慈的，钱会有的，人也会有的，只要你同意住下来，那么一切都会有办法的。”

这个饯别会就这样开成了一个工作委员会，在甘地的提议下，宴会很快结束了。

甘地回到住处，查明了那些选民名单上的人，同时在心里想好了发动这场运动纲领的腹稿，决心再在这里住上一个月。没想到自此奠定了他在南非生活的基础，并撒下了为民族自尊心和为民族的权利而斗争的种子。

在宴会后，在甘地的组织下印度侨民在阿布杜拉赛的家里召开了由哈齐·穆罕默德赛主持的大会，决定对选举法提出反对意见。

这次会上有许多志愿人员进行了登记，而且在纳塔耳侨生的印度人，大部分是信奉基督教的青年，都被邀请参加了。

杜尔班法院的译员保罗先生和一个教会学校的校长苏

班·戈夫莱先生都出席，他们负责带了一大批基督教青年到会上来，这些人全都主动登记为志愿人员。

当地很多商人自然都登记了，其中值得一提的有达乌德·穆罕默德赛，穆罕默德·卡桑·康鲁丁赛，阿丹吉·米耶汗赛，阿·科兰达维鲁·皮莱，西·拉契朗，兰格沙密·巴提亚齐和阿玛德·齐华。担任文书工作的有马尼克吉，约希，纳辛赫朗诸位先生，他们都是达达·阿布杜拉公司和其他大商行的雇员。他们全都又惊又喜地发现自己居然也分担了一部分公众的工作。像这样被邀请来参加这种工作还是他们生平头一次。

面对着整个侨团所遭受的不公平待遇和种种苦难，所有高低、贵贱、主仆；印度教、穆斯林、拜火教、基督教；古遮拉特人、马德拉斯人、信德人等等之间的差别全都被忘却了。所有的人全都像是祖国的儿女和公仆，团结一致为争取印度人所应该拥有的权利而工作着。

当时关于选举权的法案即将二读通过。但在会上讨论中发言来看，没有印度人对这个不合理法案表示反对。

针对这一情况甘地在会上作了说明。于是他们做的第一件事是发了一个电报给议会的议长，要求延期对这法案作进一步的讨论，没想到议长很快答应了这一请求，答应

法案延迟两天讨论，这使甘地他们的心快乐起来。

打算提交立法议会的请愿书已经拟好了。这得缮写三份，还得多写一份发给新闻界，请愿书上还得尽可能征集更多的人签名，而这一切工作必须一夜办完。懂英文的志愿人员和另外几个人搞了一个通宵。

商人志愿人员有的坐自己的马车，有的出钱雇马车出去征求人家在请愿书上签名。这个工作很快办完了，请愿书也发走了，有几家报纸刊载了这个请愿书，并发表有利的评论。这份请愿书同样在议会中造成了一种印象，并且引起讨论。

尽管如此，而且怀有成见的人为原议案进行的辩护也软弱无力，可这个法案还是被通过了。这也是他们预料的结果。不过由此而引起的激动却给印度侨团注入了新的生命活力，而且给他们带来了坚定的信念：印度侨团已经团结得像一个人一样，是不可分割的；为了这个侨团的政治权利和做生意的权利而进行斗争，是他们义不容辞的责任。

因而他们并未因为法案通过了而放弃斗争。他们决定给当时英国殖民地国务大臣李朋勋爵送一份大请愿书，然而这也是一项不小的工作，也不是一天能完成的，于是他们又征集了一些志愿人员来分担一部分工作。

甘地花了很大的力气来起草这份请愿书。他读遍了所有能够得到的有关这个问题的书籍，论点集中环绕在一个原则和一种权宜之计上面，提出在纳塔耳的印度侨民应该有选举权，因为他们在印度也有一种选举权。

在不到半个月的时间里，便有一万人在这份请愿书上签名。

要在全省征求到这么多人的签名并不是很容易的事，尤其进行这一工作的人全都是生手。他们挑选了几个能干的志愿人员来负担这件工作，并决定除了签名的人对这份请愿书有了充分的了解绝不勉强签名。有些村庄分散在很远的地方，只有全心全意地投入工作才能完成这项任务，而志愿者们全做到了。

更值得一提的是达乌德·穆罕默德赛，他成天不停地坐着他的马车奔跑，征得的签名最多。而做这些工作的人完全出于一种自愿的行为，他们也为了自己的权利而斗争，不仅仅是为印度侨团，因而没有人要求过任何开支，有些人甚至自己掏钱支持这一工作。印度侨民的激情调动起来了，他们团结一致为印度人在纳塔耳的生存权利而忘我地工作着。这不能不说是甘地的一大功绩，没有他提出

问题，没有他留在南非作斗争的组织者，那么这种形势也不会出现。

请愿书终于递上去了，同时甘地他们还印了1000多份散发出去，第一次把纳塔耳印度人的情况公之于世。

甘地把这份请愿书分寄给他所知道的报馆和出版社。《印度时报》发表社论有力地支持了印度人的要求；伦敦的《泰晤士》报也支持了他们的要求，于是他们又产生了一些希望，以为这个法案会被否决。

这时甘地离开纳塔耳已经不可能了，印度朋友从四面八方把他包围起来，要求他长期住下来。可当时甘地有他的难处，他不想再依靠公众的开支住下来，他要自立门户，通过自己律师业务维持生活。当他把这一决定告诉侨团朋友时，他们表示愿意募集资金让甘地维持生活。可甘地表示为了公众工作，他不能要他们的钱。经过再三讨论，最后有20来个商人聘请甘地当法律顾问，为期一年。而阿布杜拉把他打算为甘地送行的一笔钱为他购置了必要的家具。就这样，甘地在纳塔耳定居下来了。

要做法律顾问，甘地需在这里的法院进行律师登记。

为此他向最高法院递交了申请，由于当初他在孟买高等法院登记时，将一份英文证书原件交存那里备案了，这一次申请需附上两份品行证书。当时甘地想如果这两份证书出自欧洲人之手会更有分量，因此他通过阿布杜拉赛的介绍弄到了两份欧洲商人的品行证书。这种申请书必须通过法院的律师递交上去，如果是由检察长递上去的，照章不收费。而当时担任达达·阿布杜拉公司法律顾问艾斯坎比先生是检察长，甘地拜访了他，他同意为甘地递交申请书。

可法律协会却通知甘地，反对他申请为法院律师，这使他大为惊讶，理由是甘地的申请书没有附上英文证书原件。其实，当时他们并未料到会有有色人种的律师申请入会的可能，纳塔耳成长得力于欧洲人的企业，因而他们认为欧洲人必须掌握法律界。如果有色人种也加入进来，他们就会在数量上逐渐超过欧洲人，那他们的屏障就要垮台。

法律协会聘请了一名著名的律师来支持他们的意见。

甘地会见了他，把自己的经历告诉了他，可那位律师却说："我没有什么和你过不去的话要说。有些人虽然有各种各样的证件，但这些证件原来并不属他们自己。你送来了欧洲商人给你的品行证书，我看不出有什么价值。他们知道你什么？他们和你的交情能有多深？"

甘地反驳说："不过，这里的每一个人对我来说都是陌生者，就连阿布杜拉赛也是在这里第一次认识的。"

"可是你刚才不是说他是你的同乡吗？如果你的父亲在那里当过首相，阿布杜拉赛一定知道你的家族，要是他能为你写一份保证书，我绝对不加反对，那时我将乐于通知法律协会，说我无力反对你的申请。"

这一番话令甘地很生气，他不明白自己申请协会当律师和自己的出身和经历又有什么关系呢？不管他的出身多么贫贱或令人厌恶，又怎么可以用来作反对的理由呢？可他还是克制住自己的怒气，回答说："我不觉得法律协会有什么权力来了解这些细节，但我还是准备提交一份你所希望的保证书。"

甘地把阿布杜拉的保证书送到了法律协会，那位律师说不出什么来了，可法律协会却仍反对甘地的申请。

可最高法院并没有接收它的反对，甚至连艾斯坎比都没有出庭作答，首席法官便宣布说："因为申请人未附原证件而加以拒绝的理由是不充分的。如果他伪造证件，他将受到处分；而如果他被证明有罪，他的名字也会被注销。法律对于白种人和有色人种之间，并无差别。所以本法院无权阻止甘地先生登记为律师。我们接受他的申请。

甘地先生，现在你可以进行宣誓了。”

待甘地宣誓结束后，首席法官却让他摘下头巾，告诉他，在执行律师业务时，你必须遵守法院的规定，穿规定的服装。甘地明白自此他受限制了。不得不服从最高法院的命令而取下了头巾。这不是因为他拒绝这命令就不合理，而是他想保存自己力量应付更大的斗争，不应该因头巾就把自己的技能消耗殆尽，为了更大的事业，这样做是值得的。甘地的伟大品格就体现在这儿，为了大众可以使自己暂受委屈甚至是侮辱，为了公众的利益而不惜牺牲自己的利益。

阿布杜拉赛及朋友对他的做法不理解，甘地便设法说服他们，让他们明白入乡随俗的道理，作为法院的律师，不尊重当地法院的习惯就是不对的了。尽管他的朋友们并没有完全被说服，但这件事还是很快平息下来了。

这种在不同的情况下应以不同的观点来看问题的原则对甘地以后的生活也有深刻的影响，他学会了欣赏妥协的美妙，这种精神就是非暴力抵抗运动一个必要的部分。它往往招致他的生命的危殆并引起朋友们的不满，可他却认为真理却是坚如金刚，美如鲜花。

法律协会的反对给甘地在南非又作了一次宣传。大部分的报纸都在非议这种反对，并谴责法律协会的嫉妒，这种宣传在一定程度上便利了甘地的工作。

律师的业务曾经是，而且一直是甘地的次要职业。当时他还集中精力搞公众工作，因为这是他留在纳塔耳的目的。他认为散发关于剥夺选举权法案的请愿书本身是不够的，要给殖民地国务大臣留下一点印象，坚持鼓动是很必要的，为此应该成立一个经常性的组织。于是甘地便和阿布杜拉赛及其他朋友商量这个问题，最后他们一致认为要有一个永久的公众组织。

要给这个组织起一个名字让甘地伤透了脑筋。它最好不和任何特殊的政党有所混同。他知道“大会”这个名称在英国保守党分子当中，名声是很坏的，可是国民大会却是印度的生命所系，因此甘地要在纳塔耳把它加以推广。因而甘地建议将这个组织定名为纳塔耳印度人大会。1894年5月22日，纳塔耳印度人大会，在甘地及热心的印度侨民的筹备下终于宣布成立了。

那一天，达达·阿布杜拉一间宽大的房子挤满了人。大会获得了全体到会者热烈的支持。会章很简单，不过会费却较重，只有每月付5先令才能成为会员。经济状况好的则被劝告多交一些会费。不过人们的热情很高，除一批月交 1 英镑会费的会员外，还有一大批月交 10 先令的会员，此外还有一些捐款。甘地是大会的秘书，因而收集会费的任务便落在他身上。可按月收集会费很麻烦，况且不经再三催促有的会员也不交会费，后来他不得不雇一个专门的文书做这一项工作，可后来文书也厌烦了，甘地便把按月收会费改为按年收会费了，并且还得预先交纳才行。

为此他召开了一次大会，会员们也同意这样做，并且会上规定了一年最少要交 3 英镑的会费，这样会费的收集工作便顺利多了。由于预先交纳会费，纳塔耳印度人大会便从来没负过债，当然这也和甘地在支配经费上的节约是分不开的。

纳塔耳印度人大会通常是一月一次，如果有必要也有一周一次的。开会时总要宣读一下上次会议的记录，然后讨论各种各样的问题。当时印度侨民还没有参加公众讨论的经验，也不懂得作简明扼要的发言，每个人站起来讲话都有些犹豫。甘地便向他们说明会议的程序和规则，他们都加以遵守，对他们来说是一种在大庭广众面前讲话的锻炼，不久他们便养成了就公众利益问题当众考虑和发言的习惯。

甘地对收集来的会费的使用本着节约的原则，开始时他只给会员发油印的收据以避免入不敷出的大量的铅印支出。当时人们交纳会费并不在乎有没有收据，而他总是坚持开收据，这样大会的每一份收入都记得清清楚楚。对于任何组织来说，细心保存账目，是必不可缺的，没有它们，这个组织就会失去威信。没有保存完好的账目，它就不可能维持原有的纯洁。

大会的另一特点是吸收了当地侨生而受教育的印度人来为大家服务。在大会的赞助下，侨生印度人教育协会成立了。协会帮助他们解决困难，启发他们的思想，使他们和印度商人有所接触，也为他们提供为侨团服务的机会。除此之外，协会还是一个辩论的场所，会员定期集会宣读各种问题的论文。

大会的第三个特点便是宣传。目的是使南非的以及南非的英国人和印度人民了解纳塔耳印度侨民的真实情况。为此甘地写了两本小册子：第一册《向南非的每一个英国人呼吁》，包括一篇由事实支持的声明，说明纳塔耳印度人的状况；第二册《印度人的选举权——一个呼吁》包括一段以事实和数字概括了纳塔耳印度人选举权简史。

尽管甘地花了不少时间和费了不少脑筋准备这两本小册子，可他认为这是值得的，这有利于让世界各地的人了解纳塔耳印度人的状况，为这里的印度侨民所进行的斗争争取外界舆论的支持。

所有这一切活动的结果是为南非的印度人赢得了无数的朋友，同时也得到了印度各党派的积极同情，这种活动还在南非的印度人面前展开了一条明确的路线。作为纳塔耳印度人大会的创造者之一的甘地无疑是功不可没的，同时，这也正是甘地走上为民族权利而斗争的道路的开始。从此他领导南非的印度侨民，在大会的领导下开展了各种反对种族歧视的斗争。

就是由于这样的斗争和不懈的努力，3 英镑人头税才被取消，契约人的利益也得到了保护。因而 25 岁的甘地成为南非印度人为争取自己的权利和利益斗争的领袖。

甘地的一生

1915 年，甘地从南非回到印度，立刻投身于争取民族解放的运动之中。甘地这位受到成千上万印度民众热烈崇拜的精神领袖，从外表上看却绝不像一个伟人。他个子矮小，瘦骨嶙峋，凹眼秃头，体重仅 52 公斤。他身上总是只缠着一块自己纺纱织成的土布拖地，他就这个样子会见过英国国王乔治五世和印度副王蒙巴顿勋爵。就是这样的甘地，得到了人民的拥护和爱戴。人们称他为“圣雄”，许多弟子尊称他为“巴普”。

回到印度的甘地，已经是一个拥有丰富的政治斗争经验的知名人士，在他的领导下，印度民族资产阶级和广大人民群众积极投身到火热的反帝反殖民地的斗争中来。

甘地深知，领导这样一场伟大的斗争，决然离不开广大人民群众的觉悟与参加。如果没有他们的全力投入，反帝反殖的烈火不久将烟消灰灭。因此，他特别重视与广大人民大众的联系。他深入了解他们的生活，帮助他们排忧解难，团结他们一道为改善自身地位而英勇斗争。他非常尊重普通人的尊严，了解他们的风俗、习惯、信仰和生活方式，努力和他们打成一片。因此，甘地无论走到哪里，都受到社会各个阶层人士的广泛爱戴。就他个人的品质而言，他诚实、简朴、毫无私心，将自己的一切都置之度外，完全放弃了个人的物质欲望。

他一回到印度，就换上了大多数印度人穿的土布衣裳，饮食也极其简朴。他平易近人的态度与广大人民包括“不可接触者”接触，以通俗易懂的语言和他们谈话，为了增加亲近感，甘地学习掌握了很多种地方语言，例如除了古吉拉提语之外，他还刻苦钻研，精通了印地语、马拉提语、泰米尔语和泰鲁固语。而在当时，很多知识分子都以讲英语为时髦，视会讲英语为身份和地位的象征。尽管甘地在英国期间已经非常娴熟地掌握了英语，但他从不以此为资本，来炫耀自己的地位和才学。

第一次世界大战期间，英国为了争取印度人效忠英国，许诺战后将给予印度自由。但是，这种许诺只是英国殖民当局的权宜之计，并未兑现。战后，由于种种原因，印度国内物价飞涨，民不聊生，百姓怨声载道，新的革命浪潮正在兴起，“民变”事件此起彼伏。英国殖民政府为了镇压人民的反抗和起义，公布了“罗拉特法”，规定当局以随意逮捕革命者和嫌疑分子，可以不经公开审讯加以监禁，被逮捕者不得聘请律师加以辩护，被判刑者不得上诉。针对这一法案，甘地愤然致函总督，表示严重抗议。但英殖民者一意孤行，仍将法案纳入法律全书。为此，甘地建议成立一个非暴力抵抗协会，总部设在孟买，他亲任主席。甘地号召，进行全国总罢工，发动全印度人民进行为期一天的绝食和祈祷，抗议殖民者的野蛮行径。于是，印度全国出现了一个声势浩大、场面壮观的总罢工。甘地在孟买街头率领成千上万的群众游行示威，给殖民当局极大的震动。在此之后，他又将他的代表作《印度自治》和译著《万众之福》广为散发，极大地唤醒了印度人民的民族意识和政治觉悟。在这场席卷全国的政治运动中，有个别地方出现了暴力行为。对此，甘地深深自责，认为自己犯了一个“喜马拉雅山一样大的错误”，因而绝食3天，他的解释是，作为这场非暴力运动的领导人，未能把斗争保持在他所希望的“非暴力”的范围之内，应该引咎自省。他认为，他的过错是，“在人民还未完全遵守非暴力原则的情况下过早地发动了这样一场不服从运动”。尽管如此，英国殖民者还是惨无人道地镇压了印度人民的反抗运动。甘地决心将他所领导的群众运动转向全面的不合作运动。

他认为暴力绝不是拯救印度的药方，印度的文明需要一个更高尚的自卫武器——非暴力抵抗，并以此来达到自治的目的。

1904年，甘地办的《印度舆论》报在财务上遇到了危机，便决定到德班去找出路。临行前，甘地的朋友波拉克先生送给他一本书——英国作家罗斯金写的《给最后这一个》。

这本书引起了甘地的共鸣，从这本书中他得到三点收获：个人的福利包含在群众的福利之中；律师的工作与理发师的工作具有同等价值，因为大家都有权利谋生；依靠劳动生活，例如农夫和手工业者的生活都很有意义。

甘地为追求理想的生活，便决心照着这本书的要求去做。当他到达德班后，就在离城14英里处买了100英亩土地。此处杂草丛生，蛇虫又多，但有淙淙的泉水和茂密的果树。他在这片土地上创立了一个新村——凤凰村，并且把《印度舆论》也搬到这里。

凤凰村实际是个农场，也成了甘地训练非暴力信徒的基地。在这里工作的人不分国籍、宗教、种族、肤色，一律平等。人人都必须劳动，并且利用业余时间为《印度舆论》工作。

困难不少，但在朋友们的帮助下建立了简陋的厂房和宿舍。为了使大家能靠自己的劳动来生活，每个人可以获得3英亩土地耕种。每人每月领取3英镑，愉快地过着节俭的生活。

甘地又动员跟他来南非的亲友到凤凰村来居住，有的人放弃经商跟从了他。凤凰村里的人有家属的都把家眷接来居住，还新添了两对白人夫妇。波拉克先生得知他给甘地的那本书居然出了奇迹，便辞去了原来的报馆的工作来到了凤凰村，成为这个大家庭中的一员。

甘地到南非之初，就读过俄国著名的文学家托尔斯泰的《天国在你心中》一书，它给予了探索真理的甘地极大的启发和鼓励。《天国在你心中》主要是宣扬以宗教的爱来改革社会，建立没有暴力的、人人平等的"天国"。

1910年，一位富有的德国工程师、甘地的好友卡伦巴奇，将他1100英亩的农场免费交给非暴力抵抗者使用，并且给它取了名，叫"托尔斯泰农场"。农场距约翰内斯堡21英里，场内有橘、李、杏等果树千株，水井两口，还有泉水。农场有居民78人（其中有被捕的非暴力抵抗战士们的家属）。农场内很快就建起了宿舍，男女分居，夫妇也不同室。农场中不分男女老幼一律参加劳动，自己做饭，餐具自洗，公用碗盘轮流洗涤，严禁烟酒，特别注意环境卫生。遇有疾病，甘地主张用自然疗法，以节食、水疗、泥疗等土法医治。

甘地在南非领导的几次斗争中，凤凰村和托尔斯泰农场这两个基地起过很大作用，尤其在反移民法的斗争中，基地保证了运动的胜利。

1913 年，甘地在南非领导的非暴力抵抗运动达到了高潮。

10 月 28 日，甘地率领 2073 名印度矿工、127 名妇女和 57 名小孩，从纳塔耳的纽卡斯尔向特兰士瓦境内“和平进军”，要求取消“黑色法案”，废除人头税，承认印度婚姻制度的合法性。南非政府立即进行镇压。甘地连续三次被捕，但运动继续发展。

12 月，罢工人数达万人。史末资不得不于 12 月 18 日释放甘地，以求和解。经过多次谈判，史末资被迫于 1914 年 1 月 21 日宣布：废除人头税，承认按印度宗教仪式结婚的合法性，允许持有盖过指纹登记证的印度人进入南非。甘地在南非领导的非暴力抵抗运动取得了一定的胜利。

1915 年 1 月，甘地由南非回到印度时已是一位颇有声望的社会活动家了。他的社会政治主张和非暴力的斗争策略为当时印度资产阶级和相当一部分群众所赞赏。因此，他很快就成了印度国大党的实际领袖。

1920 年，甘地为国大党起草了党章，规定党的宗旨是“如果可能，在不列颠帝国范围内达到自治，如不可能，则脱离不列颠帝国而自治”。

甘地反对英帝国主义的斗争策略经历了非暴力抵抗和非暴力不合作的阶段。

总的说来，在 1919 年以前，他对英国当局还是抱合作态度的。无论是在 1899 年的英布战争时，还是在 1906 年南非纳塔耳祖鲁人反英起义中，他都曾派印侨救护队去支持英国作战。他希望用这些行动博得英国的好感，使英国在战后给予印度以自治。

但是 1918 年 6 月英方公布的“蒙塔尔——切尔姆斯福特宪法改革草案”，并没有满足印度自治的要求，这就动摇了甘地同英国合作的信念。他逐渐认识到再和英国联合下去，在政治和经济方面一定要比以前更没有希望。1919 年 11 月，甘地正式提出了对英国采取“不合作”态度的主张。此后，甘地进行的斗争可称为非暴力不合作运动。

甘地所谓的“不合作”通常是指抵制英国殖民政府的学校、法庭、立法机关，抵制英国货和不接受英方委任的国家职务（简称“五抵运动”）。1919年，英国当局公布了“罗拉特法案”，规定警察可以任意逮捕嫌疑分子，并且不经公开审讯就可以长期监禁。面对殖民者的镇压措施，甘地在孟买召开了大会，发动全国总罢工。英国当局对群众运动进行镇压。4月13日，在旁遮普阿姆利则酿成死1200人、伤3600人的大惨案。这使甘地大为震惊，也对群众在哀悼日以后违反非暴力原则失望，说自己“犯了一个像喜马拉雅山那样大的错误”。

从1920年开始，印度人民在甘地领导下开始了大规模的抵制英货、抵制英国学校和法庭的非暴力不合作运动。甘地自己也把他在与布尔人的战争中获得的两枚勋章退还印度总督。他身穿土布，手执竹制拐杖，到各地号召开展土布运动。他向群众解释：印度人民所以贫困，是因为手工纺织衰落了，印度要想自治，必须抵制英货。他要求人民制造土纺车，自己纺线织布，抵制英国布匹。他和信徒们身体力行，每天都要纺线半小时，从不间断。土布运动使殖民主义者恐慌。孟买总督惊呼：“这是世界史上空前的壮举。它几乎达到预期的目的！”这就是甘地发动的第一次不合作运动。

接着，一场镇压也开始了！甘地的追随者3万人被捕入狱。这引起人民更为激烈的反抗。1922 年 2 月，警察侮辱联合省乔里乔拉村村民的游行队伍，人们愤而焚烧警察所，烧死警察 22 人。甘地闻讯目瞪口呆，大为惊恐，声称这是“最惨痛的耻辱”，他马上绝食，表示忏悔，认为他的拥护者还不理解非暴力学说，决定停止这次不合作运动。尽管如此，英国当局仍以煽动闹事罪将甘地逮捕，并判处 6 年徒刑。

两年后，甘地因病假释出狱，又领导了第二次不合作运动——食盐进军。

食盐进军是一次典型的、悲壮的非暴力不合作运动。这次运动是发生在全党统一了思想，要求“完全独立”的情况下开展起来的。

1929 年 12 月 31 日午夜，国大党通过了印度完全独立的提案，将党章中要求的“自治”改为“完全独立”，三色国旗即刻凌空升起。1930 年 1 月 2 日，国大党工作委员会议将 1 月 26 日定为独立日。这一天全国举行示威游行，支持完全独立的决议。接着，在甘地领导下，第二次非暴力不合作运动再度兴起。

甘地这次选择了影响面广、而且为贫苦大众反对的“食盐法”来发难。他事先做了大量准备工作，制订了周密的计划，预备率领队伍由非暴力抵抗学院出发，向南边海岸的丹地进军。3 月 12 日清晨，年已 61 岁的甘地，身围土布，手柱竹杖，率领非暴力抵抗学院成员 78 人，在广大人民群众的欢送下，踏上了破坏食盐的征途。他们每天步行 10 英里，印度天气炎热，土道上灰沙滚滚，行军非常辛苦。

他们一路走，一路宣传。到 4 月 5 日，24 天内他们走了 241 英里的路程，终天到达了丹地海滩。

4 月 6 日，旭日东升，甘地率领着战士们早祷，接着就在海边沐浴。8 点 30 分，甘地在海滩上抓起了一把盐，作为破坏食盐法的仪式。数千群众观看了这一壮举，心情异常振奋。禁止人民自由采盐的法律破坏了，老百姓便纷纷自动制盐，除了自己食用外还公开出售。政府以没收扣盐和逮捕抗交盐税的群众来对付。4 月 14 日，逮捕了国大党主席尼赫鲁。5 月 4 日，甘地被捕。全国举行大罢工、罢市、抵制英国布等，以示抗议。政府禁止集会游行，宣布国大党为非法。运动急转直下，在狱外的奈都夫人率领 2000 多志愿队员前往距孟买 150 英里的盐仓去抢盐。

盐仓有水的深沟围住，深沟后面又护以铁丝网，并有 400 多名警察把守。他们手里拿着警棍严阵以待，另有 25

名持枪警察站在最后一排作为后备。

2000 多名非暴力战士编成了若干个小队，甘地的次子马尼拉尔·甘地也在其中。第一队踏着坚定的步伐走向盐仓。警官发出警告不准他们前进，队员们不予理睬，继续向前。突然，警棍飞舞，有的人头颅被打碎，有的受重伤。但是，没有一个人还手，没有一个人躲避。血流如注的伤者倒下了，立即被担架抬出，担架不够便被扶着、背着走出阵地。后面的队伍又继续踏着勇敢的步伐前进，一批倒下，又一批前进。但是，他们无法逾越 400 多名警察的防线。过了一会，他们改变了战术，以 25 人为一队，整齐地排成几行前进。当警察走近时，就立即坐下不动。警察除了用棍棒之外，还用脚踢他们的小腹，痛苦难忍的人们，在地上辗转滚动，又被警察拖到壕沟边，投入泥水里。印度史上罕见的悲剧一分钟一分钟地继续着。将近中午，烈日如火，酷热难耐，这场非暴力斗争才逐渐停止。计有 320 人受伤，2 人死亡。目击惨状的美国新闻记者密勒报道：“在过去 18 年中我曾采访过 20 个国家，亲眼目睹过无数次暴动和战斗，但从未见到如达拉萨纳所出现的那种恐怖与残忍……”。

夺取盐仓的浪潮几乎蔓延到全国。有的地方甚至突破警察的包围，被打伤了500人。

非暴力抵抗运动显示了威力：1930年秋，进口纺织品较上年同期减少1/3，孟买有16家英国工厂倒闭；而印度人自己开设的工厂的产品则成倍地增长，土布工厂从1929年的384家增加到600家；土纺土织遍及6500个村庄，使14万纺纱工、11000余名织工、1000余名杂工获得了工作；政府的货物税收减少了70%。

1931年1月25日，印度总督欧文指出，非暴力不合作运动给政府以严重损害，希望恢复和平，宣布无条件解放甘地及国大党工作委员会委员，并撤销取缔国大党的命令。他与甘地反复协商，最后于3月5日订立了甘地——欧文协定。双方部分妥协。

同年，甘地赴伦敦出席英国政府召开的解决印度问题的圆桌会议。他空手而还。回到印度后，发现印度殖民的政府并未遵守甘地——欧文协定，继续逮捕和镇压人民。甘地于1932年1月2日的国大党工作委员会上提出恢复非暴力不合作运动。4日，政府又逮捕了他。

甘地入狱后不久，英国政府和印度殖民政府提出一个新法案，规定“贱民”和普通印度人分开选举，甘地于9月20日在狱中宣布绝食。

有人认为甘地不应在这个时候把政治运动引向宗教改革，但他认为政治、社会和宗教改革是不能分割的，解放“贱民”“在政治意义上超过了印度独立”。

为甘地绝食事件，民族运动的领袖们紧张地商讨对策。最后商定，由印度教保证“贱民”的重要利益来代替分区选举。

全印宗教领袖另外通过一项决议：在印度教中不存在贱民。以前被认为贱民的人，今后一律享受一般印度教徒应有的权利，诸如自由进入印度教庙宇，使用公井，入学，进入公共场所等等都不受歧视。英国首相接受了上述协议，取消了单独选举的规定，甘地于26日停止绝食。

仅从宗教意义上说，能订立这样的守约绝非易事，在印度宗教史上也是异常可贵的革新，但实行起来却很难。例如甘地希望先在一个省试行以法律形式规定印度教庙宇向“贱民”开放，后推至全国。1933年2月，甘地创办“贱民”周报《哈理报》，号召大家为拯救4000万“贱民”而出力。然而，有人说解救“贱民”就是亵渎了神。甘地愤怒地指出，我不认为从事所谓下等工作的“贱民”是污秽的。替婴儿洗涤尿巾的母亲，接触人体污物的医生应受到人们的赞扬。在我看来，“那些所谓高种姓的印度教信徒们所操的职业却是污秽的、亵渎神的。”

1942 年 3 月 7 日，日本占领仰光、战火迫近印度边境。丘吉尔为了取得印度更多的支持，于 3 月 11 日派克里浦斯赴印，同甘地等印度各党派领袖商谈有关战后自治和宪法等问题。

甘地鉴于以往的教训，拒绝了克里浦斯方案，认为这个方案是一张“延期支票”。其他各党派也都表示拒绝。

4 月，甘地提出了英国“退出印度”的口号。8 月 8 日，国大党在孟买召开会议，再次通过不合作的决议，要求英国交出政权。8 月 9 日，甘地和国大党执行委员会全体成员再度被捕。印度全国发生大骚动，英国殖民当局实行武力镇压。1943 年 2 月 10 日，甘地开始为期三周的绝食，以抗议政府的暴行。5 月 6 日，甘地和国大党其他领袖获得释放。

甘地一向主张印度教教徒与伊斯兰教徒的团结。他出狱后就致力于调解他们之间的关系。但是，由于种种原因，甘地的努力收效甚微。1947 年 8 月 14 日，巴基斯坦自治领成立。8 月 15 日，印度联邦宣布成立。当日，印度举国欢庆，但甘地却在加尔各答绝食。他认为未能使印度人民团结起来，这是他毕生宣传原则的失败。

印巴分治后，甘地继续为平息印度教徒和伊斯兰教徒之间的冲突而斗争。1948 年 1 月 30 日，甘地在赴祷告场途中，被一个狂热的印度教徒枪杀，终年 79 岁。

甘地一生执著追求，为了忠于自己的信念，也为了拯救人民于水火，他置个人安危于不顾，决心赴汤蹈火，用他至诚的爱，去扑灭那吐着血红火舌的毒焰。1922 年，英国政府逮捕了甘地，判刑 6 年。在狱中，甘地写了自传《我体验真理的故事》，记录了他追求真理的历程。

甘地厌恶那些贪图享受者、投机钻营者、争权夺利者，对他们从来都是毫不留情地加以谴责。他从未以“圣雄”的头衔自诩，却常以凡人自勉。他并非拥有崇高学位的学者，也不是精通法典的律师；他成为群众运动的领袖，享有极高的威信，表现出非凡的领导能力，并不是他有超人的天才，更非由于财富或特殊的社会关系的提携。事实上，他并不谋求领袖地位。他的组织能力表现在他具有同群众共甘苦的精神，处处为群众着想，善与人谋，密切联系群众，从不自视高人一等，从不假借权威。他热爱人民、热爱祖国、没有种姓偏见、没有贫富好恶、没有宗教隔阂，兼备刚强的意志和善于妥协的双重性格。他为人诚实、正直、恳挚、谦逊、廉洁、无私，与人为善。他对人对事认真负责、一丝不苟、勤勤恳恳、任劳任怨，把为人民服务当作是自己一种最大的奖赏。他舍己为人的献身精神具有巨大的感染力和号召力。他搭乘的三等火车所经之处，成千上万的普通农民从几十里外闻风而来，向他顶礼膜拜。一些人虽然不同意他的思想，反对他的主张，但是对于他的品德思想，无不肃然起敬。

印度首任总理尼赫鲁这样赞颂甘地：“争取印度的独立，拯救印度的贫穷，有谁比甘地更热忱呢？……他教了我们许多的事：无所畏惧、严守纪律、为了远大的理想勇于自我牺牲等，……我们并没有忘记。我们更不能忘记他，是他使我们得有今天，并使印度从深渊中拔起。”

尼赫鲁

真诚地信任人民，把心交给人民，虔敬地领受人民付出的心，不敢操弄欺骗并怀抱感激努力回馈。

——尼赫鲁

贵族世家的"宝石"

1889 年 11 月 14 日，印度阿拉哈巴德城尼赫鲁家族的宅院内，一个男婴呱呱出世了。他，就是日后印度名扬世界的总理贾瓦哈拉尔·尼赫鲁。

贾瓦哈拉尔·尼赫鲁的确是出生于印度名副其实的豪门贵族。他的先祖拉杰·考尔，是一位大名鼎鼎的梵文和波斯文学者，原籍克什米尔。18 世纪初，莫卧儿王朝法鲁克·西耶尔皇帝巡视克什米尔时，无意中相识了拉杰·考尔，并且非常欣赏他的才华。1716 年的一天，皇帝下旨，召拉杰·考尔全家离开克什米尔，迁居京城德里，拉杰·考尔便从此在宫廷为官。皇帝赐给他一块采地和一幢住宅。这块采地和住宅坐落在运河岸边。"运河"一词乌尔都文叫"尼赫鲁"。拉杰·考尔为了感激皇帝的恩典，况且他又极喜欢这个地方，他就将"尼赫鲁"这个词加在了"考尔"的后面，变成了复姓"考尔·尼赫鲁"。意思是运河岸边的"考尔氏"。时间长了，再加上使用不方便，"考尔"就逐渐弃而不用，"尼赫鲁"便成了这个家族唯一的姓。

贾瓦哈拉尔·尼赫鲁的祖辈，大多是莫卧儿王朝的官吏。曾祖父拉克什米·纳拉廷·尼赫鲁是萨克尔公司驻德里皇帝宫廷的首位代表兼法律顾问。祖父干迦·德哈·尼赫鲁曾任德里城警察总监和德里市长。贾瓦拉哈尔·尼赫鲁有两位伯父。大伯父班西·德哈·尼赫鲁在英国政府驻印度司法部任职。二伯父南德·拉尔·尼赫鲁是高等法院律师领袖。贾瓦拉哈尔·尼赫鲁的父亲是一个“遗腹子”。在他出生的前 3 个月，贾瓦拉哈尔·尼赫鲁的祖父就去世了，他是靠贾瓦拉哈尔·尼赫鲁的二伯父培养成人的。

贾瓦拉哈尔·尼赫鲁的父亲是一个了不起的人物。很有生活主见，他不甘家境的破败，选择了攻读书本当作突破口，决定在事业上取得成功。他读书十分刻苦，十几岁时，人们就称他是优秀的波斯文学者。他还懂得阿拉伯文、英文等。当时，英国为了加强对印度的殖民地统治，在印度开办了很多英国式的学校，其中包括多所重点大学。这些学校实际上培养的是“血液和肤色是印度的，但风格、见解、道德和才智是英国的人才”。这些学生毕业后，不是充当政府官员，就是从事法律、医务、教育和土木工程等新型专业工作。这其中法律是最吃香的，可以名利双收。贾瓦哈拉尔·尼赫鲁的父亲很快就成了阿拉哈巴德大学法律系的结业生，以后便进入高等法院任职。他一心一意地工作，希望能有所成就。他除了工作，其他的事一概不去过问，甚至假期和节日也埋头于律师业务。在他看来，“一个人如果要想获得成功，必须牢牢地抓住成功的梯子，一步一步地向上爬。这并不由于别人的提拔或帮助，而靠自己的意志和本领”。由于他精通业务，在当时，印度很多较大的诉讼案几乎都来找他，他实现了在所报的律师业中尽快显露头角的美梦。接之而来的，便是他一手创造了家庭富裕。1861 年他出生时，面临的是家庭产业一天比一天减少而终于完全丧失的局面。那是 1857 年印度全国性的大暴乱，使尼赫鲁这个兴旺的家族不得不跟着成群结队的逃难人群离开旧日的京城来到亚格拉。贾瓦哈拉尔·尼赫鲁的父亲不但没能看到家中的财产，而且也没看到生身父亲。是两个哥哥挑起了家庭重担。而现在，他成了颇有名气的律师，钱赚得越来越多，生活情趣和追求也越来越欧式化，出入西装革履，骑马、狩猎、打网球样样皆能。在他将近 40 岁的时候，已成了超百万富翁。买下了阿拉哈巴德城最大、最豪华的王侯宅院——阿南德宫。为了显示富贵与豪壮，他把阿南德宫改名“极乐轩”。

极乐轩坐落在阿拉哈巴德城英国人的居住区。附近有婆罗多修道院，那是印度教善男信女经常顶礼膜拜的地方，因此来极乐轩参观的人每天络绎不绝。贾瓦哈拉尔·尼赫鲁的父亲搬进极乐轩后，又大兴土木，修建了游泳池、网球场和跑马场等等。轩内还增设了欧式社交活动和印度式社交活动的两套活动室和配备两套服务人马，可以说是经常宾客盈门，高朋满座。贾瓦哈拉尔·尼赫鲁在他的《自传》中曾有记述："……每天晚上，总有许多朋友来看望父亲。他过了一天紧张的生活后，趁这个时候轻松一下，全家都能听见他那洪亮的笑声。他的爱笑在阿拉哈巴德是有名的。"有时我从帘后偷看父亲和他的朋友，想打听一下他们这些大人先生们谈些什么。如果当场被发现了，他们就把我拉出去，叫我坐在父亲的膝上，这使我很害怕。有一次我看见父亲喝红葡萄酒或其他什么红酒。我认得威士忌酒，我常常看见他们喝这种酒。可是这种新的红红的东西却使我充满了恐惧，于是我跑去告诉母亲，说父亲喝血。"这不难看出这种欧式生活的安逸、富裕和舒适。

贾瓦哈拉尔·尼赫鲁的父亲自称是"给尼赫鲁家族带来好运道的鼻祖"。这确实是实事，他名副其实地把一个一度濒于破产的尼赫鲁家族重新振作起来了。他一个人供养着在家庭中的20多口人过着上等贵族的生活。他说他要使尼赫鲁这个姓氏“获得普遍的尊敬和爱戴”，并把希望寄托给他这个唯一的宝贝儿子。他对孩子的起名耗费了一定心思，“贾瓦哈”在印度语是“宝石”的意思。

不甘寂寞的童年

一个富豪的大家庭的骄子，生活孤寂平静，似乎是件荒唐的事，令人不可置信。然而，事实确实如此。这里有三个因素所致。第一是由于贾瓦哈拉尔·尼赫鲁父亲的主导思想倾向。他虽然精力充沛、勇气十足、聪明非凡，但在某些方面是偏激的。印度成为英国的殖民地后，他认为本国同胞堕落了，自作自受。他轻视印度人。至于那些搞政治的人，他也认为“除了空谈之外，还能做点什么呢！”对于任何政治性的运动或团体，如果他只能在其中充当配角，他都不愿意参加。他对英国人和英国人的风俗习惯很感兴趣，所以，他并不赞成让儿子去上幼儿园和地方小学。他要使儿子也完全欧化，他为贾瓦哈拉尔·尼赫鲁请来了英国人做家庭教师。造成贾瓦哈拉尔·尼赫鲁生活孤寂平静的第二个原因，是父亲所从事的职业和单一追求生活目标的环境所致。父亲急于自谋生活，寻找职业。他对律师职业，简直是倾注了全部心血。哥哥是榜样，成了律师的领袖，他要超过哥哥，出人头地。他没有时间从事业余活动，根本谈不上对儿子更多的关照，除了教训他跟英国教师学习之外，其余就任凭儿子胡思乱想，独往独来。他赚了很多钱，但从不满足，因为他花钱如流水。他认为，存钱就意味着没有随时尽量赚钱的本领。在贾瓦哈拉尔·尼赫鲁的眼里，父亲是他敬佩的人，但又是一个可怕而不敢接近的人。父亲的脾气可怕得很，很多时候，贾瓦哈拉尔·尼赫鲁吓得发抖。有一次，他看见父亲的办公桌上放着两支自来水笔，他眼红了。心想，父亲是不会同时使用两支钢笔的。于是他就拿走了一支。影响了父亲工作，这还了得，父亲大发雷霆，当知道是儿子拿去了钢笔时，一顿痛打落到了贾瓦哈拉尔·尼赫鲁的身上。这顿痛打心疼坏了母亲，她用各种油膏接连给儿子擦身好多天。造成贾瓦哈拉尔·尼赫鲁生活孤寂平静的第三个因素是身边没有童年伴侣。他没有兄长和弟弟，仅有两个妹妹，但年龄又相差很多。他的大妹是在贾瓦哈拉尔·尼赫鲁 11 岁那年才来到人间的。印度的家庭习惯和家族的连带组合与中国一样，很多直系亲属住在一起，贾瓦哈拉尔·尼赫鲁有很多的堂兄和近亲，但他的堂兄们的年龄一个个都比他大得多，有的是中学生，有的是大学生，他们认为贾瓦哈拉尔·尼赫鲁年龄太小，很不愿意跟他一起玩耍。

“我的童年时代的生活是一种不用自己操心的、平静无趣的生活。”贾瓦哈拉尔·尼赫鲁在他 1935 年所写的《自传》中也这样概括评述。

印度沦为英国的殖民地，这是民族的不幸，是国家的耻辱。和中国备受日本帝国主义侵略的情景一样，善良人的心灵，每天都在流血。贾瓦哈拉尔·尼赫鲁的堂兄们都有文化，他们经常在家中谈论英国人欺侮印度人的话题。例如火车上如何拥挤，但有好多车厢还是空的也不让印度人坐，说是留给英国人的；英国人杀了印度人，这本应该是要进法庭的，要定罪的，但在法庭上，每次都是杀人者无罪释放；公园里的长椅上，印度人是不许就坐的，这也是留给英国人的……贾瓦哈拉尔·尼赫鲁每天都在孤寂平静的生活中听人们讲这桩桩不平的故事。

除了这些，几乎是每天晚上，父亲客厅里那灯火辉煌、高朋满座、喝酒聊天的场面，便占去了贾瓦哈拉尔·尼赫鲁许多无聊的时间。他在偷听大人们谈论什么，可是听不懂，却又想听；他很想偷看喝酒的乐趣，但又怕被发现。每当这个时候，令贾瓦哈拉尔·尼赫鲁唯一开心的，是听到父亲那开怀大笑声。他很惧怕父亲，但又十分敬佩他。他认为父亲的精力、勇气和聪明超过所有他见过的人，他希望自己长大了要赶上父亲。

在印度，宗教活动是最盛行的。尤其是妇女，他们总是那么认真对待宗教仪式。在无聊的生活中，贾瓦哈拉尔·尼赫鲁有很多的机会随母亲在家中参加各种宗教仪式。有时候，母亲带着他去寺庙参拜，除了阿拉哈巴德城之外，也去贝拿勒斯或别的地方。参拜活动是很疲劳的，除了宗教仪式时间长之外，更多的就是走路。

印度的风俗节日似乎比中国要多得多，每年的传统节一个接着一个，而且人们都是过得那么认真。迎春节这一天，真是万人欢腾，可以说是狂欢节，人们互相泼水取乐。灯节这一天家家户户点瓦灯。黑天诞辰节人们庆祝克里西娜半夜在狱中诞生。恒河神节和罗摩莱拉节则要举行游行并要演出古代拉麦钱德拉及他征服楞伽的故事，观看的人很多，简直是人山人海。穆哈兰节人们都打着各色旗帜游行纪念胡桑与胡赛恩在阿拉伯的悲惨故事。在小孩子看来，“山伐底”历的元旦节是比其他节日有意思的，因为这一天可以穿上漂亮的衣服，可以得到一些拜年钱。除此之外，还有不少较小一点的节日，例如五月半节、八月半节等等。这些节日，尤其是大的节日，贾瓦哈拉尔·尼赫鲁都是要随着家人参加的,有时母亲带着他,有时父亲的秘书带着他，但他都没有太大兴趣，因为很劳累。特别是黑天诞辰节，这是庆祝克里西娜半夜在狱中诞生的节日，高潮必是在半夜进行，贾瓦哈拉尔·尼赫鲁是很难守到半夜的。

在贾瓦哈拉尔·尼赫鲁看来，使他最感兴趣的，是一年一度由他自己充当主角的节日——他的生日。这一天他特别兴奋，一清早他就被放在一架大秤上，跟一袋袋小麦和别的物品对秤，秤完之后，就把对秤的所有物品统统分发给穷人。他穿着漂亮的生日服，领受着各种礼品，然后就进行丰盛的会餐。这一年一度的生日节，对贾瓦哈拉尔·尼赫鲁来说，永远是美好的。1935 年，他已经 46 岁，他对童年时代的生日还记忆犹新，他风趣地写道："那时，我自己觉得是中心人物。我主要的遗憾是生日一年只有一次，未免太少了。我曾经闹着家人要多做生日。在那个时候我可想不到，将来会有一天，一提到生日就令人想起老之将至而感到难过。"

印度人结婚，无论是有钱人或者穷人，讲排场是第一位的，他们把结婚的浪费和奢侈看做是理所当然的事。尼赫鲁的家族是很大的，无论是近亲或是远亲、朋友，全都是富豪人家。贾瓦哈拉尔·尼赫鲁经常有机会随全家人到处去参加堂兄或其他人的婚礼。这是他最喜欢的旅行。因为在参加婚礼期间，各种规矩都放松了，他可以自由自在地玩耍。作客的亲友们都带着大大小小的男孩和女孩。这个时候，贾瓦哈拉尔·尼赫鲁的孤寂全消了，他和同龄孩子们在痛痛快快地玩闹着，闹得过火时，当然还少不了被长辈责骂，但他似乎就不当回事了。

贾瓦哈拉尔·尼赫鲁是一个很会生活的孩子。尽管家庭环境和社会的大气候造成了他生活的孤寂和无聊，但他却时时在寻找着自己的快乐，努力使自己寂寞平静的生活过得有意义。

他寻找开心的第一事就是找大人们给他讲故事。堂兄们所讲的故事，他多半听不懂。他们一讲就是讲眼前听到看到的事，每件事都涉及英国人及欧亚混血种人如何欺负印度人的事。当他听不懂而进一步追问时，堂兄们便无闲空细说，于是总使他不愉快。他比较喜欢的是他的母亲，因为母亲温和可亲，而且有相当的耐性。贾瓦哈拉尔·尼赫鲁是这样回忆他的母亲的："她盲目地溺爱我，所以我总欺着她几分。我跟她见面的时间比我跟父亲见面的时间多得多，她似乎跟我更接近些，我常常跟她讲知心话，这些话我是从来不给父亲讲的。母亲身材矮小，我很快跟她长得一样高，我觉得我不仅同她平等，而且比她强些。我惊叹她的美丽，爱她那小巧秀丽的手和脚。她是从克什米尔迁来的人，她的家人是两代人以前离开故乡的。”字里行间，表现出了他对母亲的真挚情感。母亲常常给他讲古代印度的神话故事，常常使他入了迷。特别是讲罗摩衍那和摩诃婆罗多两大叙事诗上的种种故事，更是生动有趣。他惊叹母亲那非凡的记忆力和絮絮传神的口才。贾瓦哈拉尔·尼赫鲁的两个伯母也都是有知识有文化的人，讲起故事来也不比母亲差。特别是二伯母，她读过很多书，尤其是对印度的古书，她的脑海简直是个小书库。她的故事讲起来滔滔不绝，有声有色而且感情奔放。贾瓦哈拉尔·尼赫鲁后期对文学很有研究，基础也是从这里开始的。

贾瓦哈拉尔·尼赫鲁还有一个知己，那就是父亲的秘书穆巴拉克·阿里。他出生于巴多的世家，同是书香门第，很有学问，而且为人也好。贾瓦哈拉尔·尼赫鲁每次外出赶庙会或参加什么婚礼活动之外，穆巴拉克·阿里总得帮他换上新衣服打扮一番。他的家境的兴衰和尼赫鲁家族的兴衰是一样的。1857年印度的变乱，使得他家破人亡，他的家人一部分被英国士兵杀害了。穆巴拉克·阿里经过这次苦难之后，似乎对于所有的人，特别是对于孩子们，就显得更和气、更有耐心、更有情感。贾瓦哈拉尔·尼赫鲁在不高兴或有困难的时候总求助于他，每一次都会得到安慰。他年岁不小，花白的胡子，脸上有不少皱纹。由于对他的尊重，在幼年的贾瓦哈拉尔·尼赫鲁看来，这是德高望重和有深奥学问的象征。他常常挨着穆巴拉克·阿里，睁大眼睛听各种故事，有印度战乱的，有眼前英国人和印度人的。他可不像堂兄们没有耐性，他讲得很透很细，有时还打着手势给举个例子。《天方夜谭》的故事他也讲，有时到深夜。贾瓦哈拉尔·尼赫鲁成年后，穆巴拉克·阿里才去世。贾瓦哈拉尔·尼赫鲁时时记起这位可敬的老人，每次想起，都觉得亲切可贵。

贾瓦哈拉尔·尼赫鲁不但爱听故事，而且也爱运动。很小的时候，也就是没搬进极乐轩宅院的时候，就常常随母亲去恒河洗澡。搬进极乐轩之后条件就变了，有了豪华的游泳池，晚上灯火通明、五光十彩。这是贾瓦哈拉尔·尼赫鲁最欢快的时候，他拼命地寻开心。每天来游泳的人很多，当然都是尼赫鲁家族的亲朋好友。这中间有会游泳的，也有不会游泳的。贾瓦哈拉尔·尼赫鲁总是拿不会游泳的人取乐，有时推某人一下，有时拉某人一下吓唬他们。如果没有人招他上岸，他是不会主动离开的。

骑马，是贾瓦哈拉尔·尼赫鲁的又一爱好。他家有一匹非常好看的马，是阿拉伯血统的。有一天他骑马出去，不小心跌下马来,这匹马独自跑回了家。当时,他的父亲正在打网球,可把全家人吓坏了。全家人惊呆慌乱一阵之后,所有打网球的人由贾瓦哈拉尔·尼赫鲁的父亲率领,乘着各种车辆沿着各条道路去寻找。当父亲在半路上遇见贾瓦哈拉尔·尼赫鲁时,真是一阵狂喜,这次,他不但没有受到父亲的责怪,而且父亲似乎把他看成是完成一番事业的英雄。

贾瓦哈拉尔·尼赫鲁非常喜爱大自然，他经常一个人躺在草坪上，欣赏那不尽的美景。春天来了，他非常爱听那夜莺和其他不知名的鸟的叫声。地面上很神秘地钻出了细柔的嫩绿，他会心地在微笑。突然，他觉得菩提树和其它的树木产生了一阵颤动，同时一种神秘的气氛将它们笼罩起来，好像幕后正在进行着什么活动，他产生了极大的欢乐和喜悦。没过几天，他突然发现，树上很快长满了茂密的嫩叶，在阳光中闪烁。“从幼芽到嫩叶的变化多么神妙啊！我盼望着自己赶快长大。”

在风雨交加、寒风骤起的时候，人们都希望有一个较好的处所，享受一些温暖和舒适。然而，贾瓦哈拉尔·尼赫鲁不是这样，越是这样的天气，他愈感到大自然太有意思，总是跑出去，有时跑得很远很远。他更喜欢冰雹天气,他说:“那冰弹打在屋顶上引起巨响,好像隆隆的炮声。”

远大的理想和抱负

每一个人的童年，都有着许多的梦。贾瓦哈拉尔·尼赫鲁的童年梦也是多彩的。

从贾瓦哈拉尔·尼赫鲁记事起，对父亲潘迪特·穆狄拉尔·尼赫鲁的印象就是一条“好汉”。从母亲那温柔可亲的嘴里，贾瓦哈拉尔·尼赫鲁知道了父亲桩桩动人的故事。

贾瓦哈拉尔·尼赫鲁的父亲是 1861 年 5 月 6 日出生的。说来也怪，他竟是与印度大诗人泰戈尔同一时出生，真是有趣的巧合。父亲从小灵敏超人，而且天真可爱。贾瓦哈拉尔·尼赫鲁的祖母十分宠爱自己的这个宝贝孙子。说他满脸是福相。父亲先后在康波尔和阿拉哈巴两地读书，他起初只学习波斯文和阿拉伯文，直到十三四岁时才开始学习英文。他是一个奇才，小小年纪人们都称他是波斯文学者，再加上又懂阿拉伯文和英文，深为很多长者所器重。父亲是一个早熟的少年，不仅表现在知识面的广博，而且在生活上也趋于成人化。当时，除了加尔各答和孟买等大城市外，印度人身着西装、洋服的人很少。在那个阿尔哈巴不大的城市里，唯有年少的父亲经常西装洋服，行为也不免狂妄。他学习很轻松，从来不感到压力。他深得英国教授的喜爱。15 岁那年，有一件可笑的事。那年学校里要举行学士学位的考试，父亲报名参加了。很多人都对他抱着极大的希望。但谁知，第一场考试下来，他表示弃权了，说什么也不再继续考下去。原因是他认为自己这一场考试太糟，再考没有希望。他退出考场，便毫不牵挂地到泰姬陵去玩耍。这件事使当时的慕尔中央学院的院长——哈利逊先生大为恼火。因为他在阅卷的时候发现贾瓦哈拉尔·尼赫鲁父亲的答卷答得非常之好，这位教授很快传他去，大大地发一顿脾气，说他第一场就考得这样好，其余几场不再参加，简直是个大傻瓜！

机遇丢失了，但他从不反悔，他急于自谋生活，寻找职业。他确实是一个意志坚强的人。他清楚自己的家境。1857 年全国的大动乱使尼赫鲁的世代家族从豪富转为破产，他出生前 3 个月父亲就离开人世，是两个哥哥养活他成人。他要尽快挣到钱，振兴家业。当时，印度学法律是最为吃香的，于是，他报名参加了高等法院的律师考试，这一次，他不但得到了录取通知书，而且排名第一位，同时还获得了一枚金质奖章。他找到了自己心爱的事业，决心为之奋斗，尽快出人头地。很快的，他便成为一名颇有名气的律师。他已经“牢牢地抓住了成功的梯子，一步一步地向上爬”。他认为这并不由于别人的提拔和帮忙，而只靠自己的意志和本领。

父亲非常羡慕英国人和英国人的风俗习惯，除了他每日穿戴西装洋服之外，生活上也极力向往与英国人趋同。每天晚上，他的英国朋友都来看望他，他们尽情地闲谈说笑，一同饮酒取乐。更多的时间，他伙同英国朋友出猎、打网球、去游泳池狂欢。他最喜欢骑马，有时打马出去要跑得很远很远，从不觉得劳累。他在朋友面前花钱如流水，在家里也从不吝啬，他认为，吝啬的人只能说明没有赚钱的本领。他的生活几乎全部欧化。贾瓦哈拉尔·尼赫鲁极敬佩父亲的这种精神。一次，他在门帘后偷看父亲与英国朋友狂欢饮酒的场面后感慨地说：“我认为他的精力、勇气和聪明远远超出我所见过的一切人，我希望将来自己长大了能够赶上他。”

父亲买下阿拉哈巴城最大、最豪华的王侯住宅——阿南德宫时，贾瓦哈拉尔·尼赫鲁刚刚 10 岁。这真是一个了不起的超级大庄园，这里相传是罗摩和悉多相会的地方。

罗摩是印度著名史诗《罗摩衍那》的主人公。据说由于在宫廷阴谋中遭受迫害，罗摩被放逐14年。14年之后，他在离开逐放地返回京都阿拉哈巴德城时，曾和他的弟弟——摄政王在这里相会。这里是阿拉哈巴城最繁华的地带，再加上附近有婆罗多修道院，所以就显得更有名气。宅院除了豪华建筑之外，里边还配备有花园、游泳池、跑马场、网球场等欧式活动基地。特别是那游泳池最为豪华壮观，装在游泳池和建筑内的电灯，在当时的印度是最新式的。那一天，贾瓦哈拉尔·尼赫鲁的父亲伙同印度朋友在游泳取乐，场面极为壮阔。当着众人面，特别是在英国人面前，父亲显得那样坦然自若。他虽算不上游泳家，但为了显示风度，他进行了全池游泳表演。这使贾瓦哈拉尔·尼赫鲁极为敬叹佩服。“他的精力、勇气和聪明远远超出我所见过的一切人，我希望自己将来长大能够赶上他”这句话再次在他幼小的心灵里迸发而出。父亲是他心中的偶像。

家庭教师菲迪南德·布鲁克是一个极了不起的人物，他是牛津大学毕业生，神智学专家。神智学是1875年俄国人创立的一种宗教运动，借用古印度吠陀思想而发展。布鲁克启发了贾瓦哈拉尔·尼赫鲁的强烈读书欲。在他的指导下，贾瓦哈拉尔·尼赫鲁阅读了儿童文学路易斯·卡罗的作品，还阅读了《丛林集》、《克谟》等名著，他最喜欢古斯塔夫·多莱替的《吉诃德先生》一书。南森的《遥远的北方》使他开辟了冒险的天地。他阅读了司各特、狄更斯和萨克雷的很多小说，使他体会到说不尽的乐趣。韦尔斯的爱情小说、马克·吐温以及福尔摩斯的小说，还有《普达的囚犯》一书都使他拍手叫绝。这个时期，布鲁克还指导他对诗歌产生了浓厚兴趣。布鲁克不仅是个文学学者，还是个科学工作者，他为贾瓦哈拉尔·尼赫鲁创办了实验室，时常进行物理、化学等实验研究。布鲁克最擅长的是神智学，他引导贾瓦哈拉尔·尼赫鲁学习神智学。在学习神智学的过程中，使贾瓦哈拉尔·尼赫鲁接触了世界名人勃拉瓦茨基夫人及其他神智学巨著，他懂得了印度教的经典和佛教的句法等。他还接触了毕达哥拉斯、阿玻洛利爱斯等哲学家和《神秘论》等巨著。这一切，使贾瓦哈拉尔·尼赫鲁不仅打开了宇宙的奥秘，而且开始仔细地考虑宗教和很多社会问题，更加重视印度教。但他重视的并不是印度教的仪式部分，而是它的几部大著作如《奥义书》和《薄伽梵歌》。这都是印度著名的哲学巨著。贾瓦哈拉尔·尼赫鲁说：“我梦想星体，幻想着飞到老远的地方去。这不用什么机器高飞天空的梦，在我一生中的确时常做。这种梦有时是活生生的，现实的，它好像广阔的田野横在我的下面。我不知道近代阐释梦的学者如弗洛伊德等人怎样解释这种梦。”“我要成为布鲁克式的人物”这是又一追索。

在追求神智学的过程中，白山特夫人更是他心中的偶像。她是父亲的好朋友，父亲有意请她成为贾瓦哈拉尔·尼赫鲁的老师。这位白山特夫人不但学识渊博，而且演讲口才非凡。一次，贾瓦哈拉尔·尼赫鲁听她演讲，简直是如醉如痴。当时他才13岁，由于出于对白山特夫人的好感，他决定申请加入神智学会。这时贾瓦哈拉尔·尼赫鲁去请示父亲，父亲是笑嘻嘻答应的。父亲的表情使贾瓦哈拉尔·尼赫鲁十分不快。他对于父亲的缺少热情不免有点难受。他说：“我认为他许多方面都那么伟大，可是在精神方面他却有缺点。”事实上，父亲是一个老神智学者，当勃拉瓦茨基夫人当初来印度的时候，他就入会了。不过入会的动机不是由于宗教信仰，而是由于好奇心罢了，因此，不久他便自动退了会。但是有些跟他一起入会的人坚持下去，在会里爬得很高，都担任了要职。贾瓦哈拉尔·尼赫鲁入会时，白山特夫人亲自替他举行仪式。仪式中有训话，有神秘记号的传授。这种神秘记号大概是古代印度秘密结社的遗迹。这给贾瓦哈拉尔·尼赫鲁印象极深。后来，他又参加了加贝拿勒斯的神智学会，见过世界名人美髯的沃尔科特老上校。这期间，他又发誓要成为白山特夫人式的人物。

贾瓦哈拉尔·尼赫鲁刚满 14 岁的时候，家中发生了变化。他的几位堂兄已经逐步离开大家庭，自己单独成家立业了。新鲜的思想和隐隐约约的幻想时时浮上他的心头。他回忆道："我开始对异性比较感到有点兴趣了。可是我还是喜欢跟男孩子在一起。我认为跟女孩厮混有损我的尊严。然而有时在并不缺少漂亮女孩子的克什米尔宴会场所及其他地方，异性的眉眼或接触也不免使我动心。"这只是很少见的。他经常要去的还是几位堂兄家。这几位堂兄经常在外活动，他们干什么，贾瓦哈拉尔·尼赫鲁不懂。他们一回来，往往聚在一起讲述自己在外面见到的桩桩事情，多半是谈论英国人怎样侮辱印度人的事，那就是火车上座位不给印度人坐，公园里不许印度人进入等等。有时讲得活灵活现，说到印度人的反抗，也说到英国人的神气。有一天，一个堂兄满脸污垢回到家里。原来他跟一帮欧亚混合血种人发生了冲突，那几个混血种人似乎比英国人还神气地欺负印度人，这位堂兄打了“抱不平”。这件事使贾瓦哈拉尔·尼赫鲁实在不理解他不明白外国人怎么对贵族世家的少爷也竟敢如此无礼。他就去问母亲。母亲看到儿子那么恳诚的表情，她望着墙上一张贾瓦哈拉尔·尼赫鲁祖父穿着莫卧儿王朝的朝服，手拿一把弯形宝剑的小画像，讲述了一段往事：“1857 年大暴动使我们这个家和德里城断绝了关系。老家长保存的文件全部在暴动中毁灭。我们的家几乎丧失了全部财产，跟着成群结队的难民离开旧日的京城到亚格拉去避难，当时，你的父亲还没出世，可是你的两个伯父都已经是青年人了，他们懂得一点英文。这种英文知识使你的二伯父和其他几个家人逃脱了突然的灾难。当时，你二伯父带着他的妹妹和几个其他家人从德里城逃出，在路上遇到了几个英国兵。你的姑姑长得像一些克什米尔孩子一样，生得很秀丽。英国兵便疑心这个小姑娘是英国人，说一定是你伯伯拐骗来的。在那些日子里，从控诉到定罪往往只是几分钟的事情。你的二伯父和那几个家人险些被那几个英国兵在附近的树上吊死。幸亏你二伯父懂得点英文，能同英国兵答上话，争取了一点时间，那时，恰好有一个认识他的朋友从那儿路过，把他和几个家人救了出来。”

贾瓦哈拉尔·尼赫鲁的心被震惊了。从那时起，他失去了对英国人的好感。

有一天，贾瓦哈拉尔·尼赫鲁随母亲去一个堂兄家参加结婚典礼。在印度，结婚典礼一般都是很讲究的。吃喜酒也是很正常的社交机会。久别难逢的亲戚朋友趁这个机会热闹热闹都很正常。这位堂兄家客人很多，当然少不了英国人。恰巧那一天也有附近一家穷人孩子结婚，虽然典礼不能与堂兄家相比，但毕竟还是要欢庆一番，几个英国人便侧目相视，讥讽地说“穷鬼要讲排场是习惯造成的”。这件事使贾瓦哈拉尔·尼赫鲁感到内心作痛。“穷苦人的贫困是他们的社会习惯所造成的，这种说法荒谬透顶了。要知道穷人的生活非常沉闷、单调，偶尔遇到有机会吃喜酒、唱唱歌，这无异是在沙漠中遇到水草一样，解除了他们的枯燥的生活，他们很少有笑的机会，谁还忍心夺去他们这种安慰呢！”这一事情，使贾瓦哈拉尔·尼赫鲁更增了对英国人的反感。

不知怎的，贾瓦哈拉尔·尼赫鲁突然感觉家庭环境的不适。他发现家中的人时时发生争吵。这种争吵在大家庭中虽然不可避免，但他觉得吵架的程度一次比一次凶猛。他不知什么原因，每一次，都是他偷偷告诉父亲，父亲生着气出来大骂一顿才算停止。

影响最大的是日俄战争。那些日子，父亲的客厅里英国人来往繁多，许多家报纸都连续刊载着日本胜利的消息。贾瓦哈拉尔·尼赫鲁从大人们的谈话中听得出神，他便拿着报纸细看，使他激动不已。亚洲人打败欧洲人这是个奇迹，真了不起。于是，他便留心了对日本历史的研究。他看了古代日本武士道的故事书和小泉八云美妙的散文，民族主义思想充满了他的胸怀。往日父亲的偶像、白山特夫人的榜样、对布鲁克的追慕等理想淡漠了。“我念念不忘印度和亚洲摆脱欧洲的束缚，取得自由。我梦想着勋绩，我拿着剑，为印度而战，为印度的自由而效力！”贾瓦哈拉尔·尼赫鲁远大的理想和抱负从此树立。

攀登知识雄座的骄子

贾瓦哈拉尔·尼赫鲁在他回想往事的时候说过这样一句话："一个人要想认识自己30年前少年时代的精神和思想，并不是一件容易的事。"是的，岁月不能不冲淡记忆，但有些虽没冲淡的记忆，则由于当时的多方因素或特殊环境，回忆起来也无法说清道理。唯有对知识的追求里程，它似乎是一串明珠，使其永远不能忘怀。贾瓦哈拉尔·尼赫鲁在他后年所撰写的各类回忆文章中，都清晰讲述着接受知识教育的桩桩往事。

幼年，父亲的秘书穆巴拉克·阿里所讲述的印度历史故事、当时的动乱故事和天方夜谭的故事以及母亲和两位伯母所讲述的神话故事、民间故事，那只是点燃贾瓦哈拉尔·尼赫鲁心头追求知识的火焰。更主要的是家庭教师的引导指点，使他真正一步一步走近了知识的天堂。

斐迪南德·布鲁克是一个很有学问的"神智学"者，牛津大学优秀毕业生。人们称他是"精明的神智学专家"。他的父亲是爱尔兰人，母亲是法国人。这个爱尔兰血统的欧洲混血种人，不但学识渊博，而且为人极为慈善。他是由贾瓦哈拉尔·尼赫鲁父亲的朋友安尼·白山特夫人介绍来做家庭教师的，长达3年之久。在这3年的时间里，斐迪南德·布鲁克竭尽全力向贾瓦哈拉尔·尼赫鲁灌输西方文学、神智学和自然科学等知识，从而激发了贾瓦哈拉尔·尼赫鲁强烈的读书兴趣。在斐迪南德·布鲁克等严格教导下，贾瓦哈拉尔·尼赫鲁拼命地吸收着知识的乳汁。除了许多名著之外，他还阅读司各特·狄更斯和马克·吐温等欧美大文豪的著作。贾瓦哈拉尔·尼赫鲁自己说，这些书籍，有的为他“开辟了冒险的新天地”，有的使他拍手叫绝，还助长了他对于诗的酷爱。他还说，这段时间，神智学也对自己产生了重要影响，使他在宗教问题上开了窍，激发了他有意研究印度教的哲理和学习《奥义书》和《薄伽梵歌》等名著的兴趣。《奥义书》是著名哲学论丛之一，它是解释婆罗门教、印度教最古的经典吠陀经的一部文献；《薄伽梵歌》是印度著名史诗，被称为“哲学诗歌”。

与此同时，贾瓦哈拉尔·尼赫鲁还有另一位家庭教师，就是印度知名学者潘迪特这位可爱的老先生。他主要教授印地文和梵文。

斐迪南德·布鲁克不仅指导贾瓦哈拉尔·尼赫鲁认真读

书，而且还引导他学习科学。他为贾瓦哈拉尔·尼赫鲁布置了一个小小实验室，学习之外，他经常与贾瓦哈拉尔·尼赫鲁在那里消磨长久的时间，津津有味地做着基本物理和化学实验。

除此之外，斐迪南德·布鲁克经常在他的房间里举行神智学者的活动周会，并带贾瓦哈拉尔·尼赫鲁参加。在这些周会中，不仅有关于玄学的辩论，而且有关于再生、幽灵和其他超自然东西的讨论。这些辩论和讨论，不仅涉及很多神智学的巨著和名人，也谈到印度的经典文化等等。贾瓦哈拉尔·尼赫鲁第一次开始有意识地仔细考虑宗教问题，他开始真正知道什么是宇宙的秘密。他梦想着天体、幻想着飞到老远的地方去。

这段时间，如果衡量它的价值，一是为贾瓦哈拉尔·尼赫鲁的毕生事业奠定了一个基础，二是为他外出英国留学做了准备。

1905 年 5 月，贾瓦哈拉尔·尼赫鲁由父亲、母亲和小妹护送，远渡重洋到英国求学。那年，他刚满 15 岁。

到达英国后，他就读于哈罗公学（贵族子弟学府）。起初，因为拉丁文基础不好；他被插入低年级，但很快地他便在多种科目中考试冒了尖，他很快地升级了。这个时候所有课程都难不住这位小机灵，于是他便有更多的时间博览群书，尤其每天翻阅报纸，关心起政治和天下大事来。1905 年底，英国举行大选，自由党大胜，贾瓦哈拉尔·尼赫鲁极感兴趣，他侧重研究了这段历史。1906 年初，班级老师对学生考问英国大选的情况，结果使老师大吃一惊，全班只有贾瓦哈拉尔·尼赫鲁一个人答出了老师所问的全部内容，而且对答如流。这其中“超标准”地准确背出了自由党全体内阁成员的名单。

除了政治之外，他还对航空事业发生了兴趣。很多时间，他潜心阅读了早期飞机研究的很多书刊。他曾兴高采烈地给父亲写信，说自己不一定哪一天会坐上飞机回印度看望他。

在哈罗的第二年，他的学习成绩更为突出，考试比赛接连三次得奖。奖品是丛书《加里波传》。加里波是意大利民族解放运动的领袖。贾瓦哈拉尔·尼赫鲁把书上关于加里波的故事，全部加以仔细研究，种种憧憬出现在眼前，仿佛自己的国家也同样出现了奇迹，全国在为争取自由而英勇斗争。在他的心里，哈罗是个好地方，但现在落后了，天地也变小了，他渴望到更广阔的环境中去。终于在 1907 年 10 月，他征得了父亲同意，含着热泪，告别了哈罗这个可爱的地方，进入剑桥三一学院。这是一所世界名牌综合大学，可以与牛津大学相提并论。

贾瓦哈拉尔·尼赫鲁在剑桥住了 3 年，这是硕果满载的 3 年。他不但结识了更多的知识界人士，而且学习范围在不断加深和扩展。他选学了化学、地质、植物学这三门自然科学。除此之外，他还到处求师拜友，自学了文学、历史、政治和经济。甚至他对于当地的尼采哲学和萧伯纳戏剧也进行研究。知识，像清泉一样，不断地流入他的脑海，滋润着他的心田。贾瓦哈拉尔·尼赫鲁在对这一段的收获的回忆中说："我们自己觉得，对于这些理论的了解，已经有了专家以外任何人所应具备的知识了。"

贾瓦哈拉尔·尼赫鲁在剑桥学习期间，正是第一次世界大战的前夜。印度纷纷扰扰好几年，这时也不再俯首帖耳地对外国的统治屈服了，整个国内，政治运动风起云涌，表现出强烈的斗争精神。这是自 1857 年反英大起义以来未曾有过的现象。印度国大党也分成温和派和激进派。温和派大多数是在英国人统治下发家的资产阶级中、上等人士，信奉带有自由色彩的民族主义。贾瓦哈拉尔·尼赫鲁的父亲，就属于这一派。激进派代表资产阶级中地位稍低的一些人士，信奉以印度复兴主义为基础的新的民族主义。在剑桥的印度留学生，都十分关心国内的动向，他们心情很激动，组织了一个团体叫“麦利斯”（即议会）。贾瓦哈拉尔·尼赫鲁是这个议会活跃的人员之一，他们经常在议会里研究讨论问题。在这议会里，知识和胆量与日俱增。

在剑桥读书期间，贾瓦哈拉尔·尼赫鲁最为关心和最多考虑的是回国后的职业问题。当时所处的环境很复杂。他很想回国后在政府机关中任文官职务，但有两个问题。第一，他的父亲不欣赏这个职务。第二，贾瓦哈拉尔·尼赫鲁的年龄还小。当时印度政府内文官的年龄限制在 20 到 24 岁。这对于 19 岁的贾瓦哈拉尔·尼赫鲁还嫌稍差一点。如果这个愿望想实现的话，起码在英国再多学一年。家里父母对儿子长期住在英国有点不耐烦，希望尽早使儿子靠近他们。还有一点，如果真的进入政府当文官的话，又说不定会被派到远离家乡的地方。在这种复杂的情况下，贾瓦哈拉尔·尼赫鲁决定从事父亲的职业——当律师。于是他在紧张攻读学位的过程中，便进了法学协会，即伦敦内宫法学院深造。学法律他并没感到压力，因为他有很雄厚的基础，经过几次律师考试，他都轻松过关。有幸的是在这一段过程中，他第一次接触到资产阶级的一些“社会主义”流派思想，其中英国的“费边社会主义”最令他向往。这种改良主义的思想对他有持久的影响。

在英国留学的这段期间，贾瓦哈拉尔·尼赫鲁牢牢记住父亲送他出国留学时的叮嘱：“举止要有英国绅士派头。”所以，他生活上处处模仿英国上等人，常利用假期在欧洲各处游历，开阔眼界，增长见识。他完全养成了一套西方资产阶级的思想作风和生活方式。他自己总结自己说，他成了“东西方奇异的混合物”，“观点与英国人相同”，而且“差不多是以一个外国批评家的身份来认识印度的”。另一方面，这段时间，他的民族主义思想日趋成熟。对童年时代听家族堂兄们讲述英国人傲慢、欺侮印度老百姓时的那种朦朦胧胧的对异族统治的反感变得明朗起来。

贾瓦哈拉尔·尼赫鲁 1910 年在剑桥取得学位。1912 年在伦敦取得律师证书，同年秋天回国并当上律师。他在英国求学 7 年多，终于成为一个具有广博知识的学者。

“我不把生活当作罪恶”

熟读贾瓦哈拉尔·尼赫鲁的《自传》，我们不难发现，在长达近50万字的巨著中，随处都流露着这位蜚声国际的印度资产阶级政治家热爱生活和创造生活的乐观主义情趣。不管是在正常生活中还是在艰难困苦的处境下，他都把生活看做是很有意义、很过瘾的事。他在《自传》后记中这样写道：“这些岁月，给我带来了许多好处，其中一点特别有丰富意义。我更加认识生活是一种非常有趣的经历，在生活中有许多东西要学，有许多事情要做。我常常有一种成长的感觉，这种感觉现在仍然存在，使我更积极地活动，更热心地读书，使生活更有价值。”是的，生活如同爬山。山顶向你招手，可是当你走近的时候，困难也就出现了，常常难以知道哪一条道路是正确的选择，而且越往上爬，旅程就越艰辛，山顶退隐在云层里。不过爬山虽然费力，但始终是值得的，而且它本身有一定的快乐，它在告诉你，生活最有价值的是奋斗，而不是最后的结果。“我不把生活当作罪恶”是贾瓦哈拉尔·尼赫鲁在英国留学时说过的一句话。

从父亲一辈开始，尼赫鲁家族由封建贵族转变为资产阶级权势人家。童年的贾瓦哈拉尔·尼赫鲁面对着优越的生活环境。第一是自然环境，那富丽堂皇的住宅，那宽阔漂亮的赛马场，那五彩缤纷的游泳池……应该说都是他的。因为他是父亲唯一的“宝石”。生活上，身边簇拥着保姆和仆人，吃穿上可以说是山珍海味、绫罗绸缎。这个家庭，还可以说是印度的一颗明珠，它是一般贵族人家都望尘莫及的。第二是特殊环境，这一特殊环境是因为父亲的特殊性格造成的。父辈家产的破衰，使他内心隐隐作痛。他恨什么？只恨时运不佳。他向往什么？心目中只羡慕英国人，他认为本国同胞堕落了，自作自受，英国人是了不起的，只要依靠英国人，就可以出人头地。所以他西装革履学洋派，花天酒地效仿欧人。为了使自己心爱的“宝石”欧化，所以他为儿子请来了英国人做家教……

然而，这一切，对贾瓦哈拉尔·尼赫鲁来说，都并不感兴趣。在他所撰写的《自传》中，对豪华的极乐轩根本没有回忆，对富贵的生活只字未夸，对英国人家教也只寥寥数笔。他详细记述了与一般人交往的种种乐趣。他尊重母亲，不只是母亲给予他疼爱，更重要的是母亲给他讲述印度那迷人的神话故事，并带他走出极乐轩去了解社会。去恒河洗澡，他觉得天地总那么广阔，增长了对大自然的爱，他觉得比极乐轩的灯光游泳池还美得多。去参加地方庙会，他了解了印度宗教，觉得比守在屋里好得多。参加传统节日集会和远亲、朋友的婚礼，他不仅懂得了民族风俗，而且从中了解了生活。在印度，青年男女结婚庆典十分盛行，无论是有钱人或者穷人，浪费和奢侈是无可非议的。这在贾瓦哈拉尔·尼赫鲁的记忆中有着深刻的印象，他极瞧不起这种无必要的排场。父亲每天晚上，几乎都要招待英国的朋友喝酒，这对贾瓦哈拉尔·尼赫鲁来说，既不感兴趣，更不参与。每次他总是在门帘后偷看。他感兴趣的总是到父亲秘书的家里，饱食那大碗甜面条。请英国人当家教，他不反对，也不拒绝，但他最多的时间是去听父亲秘书讲那天方夜谭的故事和到堂兄之中听那身边英国人和印度人发生冲撞的事。他极痛恨印度境内外国统治者那种无理取闹的举动，每次听到印度人如何反抗的人和事都很激动。他最佩服的堂兄只有一个，因为他专门找机会跟英国人吵架。这个时候他觉得这个堂兄是一条好汉。

对贾瓦哈拉尔·尼赫鲁影响最大的是家庭教师斐迪南德·布鲁克。是他提高了小尼赫鲁读书的欲望，是他使小尼赫鲁获得了广阔的书本知识，是他系统灌输了神智学，为贾瓦哈拉尔·尼赫鲁日后研究印度的历史和政治打下了坚实的基础。

贾瓦哈拉尔·尼赫鲁童年最大的收获就是摆脱了宠爱的限制。他这种精神是最最可贵的。

踏入英国的国土，似乎是另一个天地。因为他完全摆脱了宠爱，在这里，他可以自由地生活了。然而，幻想并不等于现实，新的烦恼接踵而来，这是从到哈罗的最初几天就开始的。在这里他不曾有一个熟悉的人。父亲、母亲和小妹把他送到哈罗中学之后，便去欧洲大陆游行，然后就回了印度。在哈罗读书的印度学生并不多，他住的院内只有四五个。应该说，身处异国的家乡人必会相亲相近的。但是，这里却因出国读书的追求不同而不可能和睦。比贾瓦哈拉尔·尼赫鲁稍大几岁的巴洛达王子的儿子是玩板球出名的，其他便无事可从，根本没有共同语言。卡普沙勒大君的长子帕拉易特·辛格，学习极差，再加上可恶的性格和行为，其他学生每日拿他取乐，而他则又依仗其父亲的权势从不认输，经常和取笑他的学生们发生殴斗，并严厉地宣称：以后将对你们不客气！除了学习上不得安宁之外，生活上也总不太平。院里住着几位犹太人。可学校里始终存在着反犹太人的情绪，多数人每天都对那几位犹太人“翻白眼”，致使在院里时常发生口角甚至叫骂。小小的宿舍院内，经常有外界的莫名其妙的怪事干扰，有时扩展到舍内来。一天深夜，学生们都已入睡，忽然舍监带着一群不明真相的人逐个搜查房间，说是有人丢失了一根柄上镶金的手杖。这件事折腾了两三天没有结果，把学生们搞得苦不堪言。最后，据说丢手杖的人是在自己房间把手杖找到的，真是荒唐可笑。

但是，这一切可悲的生活和学习环境，并没有影响到贾瓦哈拉尔·尼赫鲁的求学欲望。他不仅努力设法适应了学校的生活，而且学业成绩突出。起初，他因拉丁文基础不好，插班在低年级，可不久便升级了。在若干科目中，尤其是在所有学科的基础知识方面，他远远超过了其他人。他的其他兴趣也比大多数同学更广博，他还有更充裕的时间读课外书籍和翻阅报纸。他高兴地给父亲写信，汇报了自己的学习成绩，并且评论“大多数学生多么呆板，只能谈游戏”。

他逐渐熟悉和热爱起哈罗这个地方来，觉得它确实比极乐轩广阔而伟大。这个时候，贾瓦哈拉尔·尼赫鲁的学业是惊人的，他在学校的各项考试中连连夺魁。除此之外，还有两个兴趣紧紧伴绕着他。一是他对航空事业产生了好感，他梦想着自己能成为一名飞机业的创造者。但因为条件和环境所限，他只能是幻想，他只能在幻想中给父亲写信表达自己的兴奋。另一个最大的兴趣就是关心时事政治使他入了迷。他每有空闲就翻看报纸和查阅资料。

他研究英国的政局问题，也研究印度的局势。印度国内的局势引起了他强有力的关注。提倡国货、抵制外入的运动在全国兴起，孟加拉、旁遮普和玛哈拉什特拉等各地接二连三的群众运动使他激动异常。特别是提拉克的名字，在英国报纸上出现，他看到后如“空中的闪电”。这位印度激进派的资产阶级领袖人物，英国政府恐惧地视为“印度不安之父”。这个时候，贾瓦哈拉尔·尼赫鲁又仔细通读了《加里波传》系列丛书，他被这位意大利的民族运动领导人的事迹深深打动。这个时候，在他身上，有一种印度和意大利紧紧联系在一起的感受。他突然觉得哈罗这个地方落后了，变小了。他怀着“我要到更大的环境中去”的迫切愿望，2 年攻读完了 3 年课程，提前 1 年跨入了剑桥三一学院。

在离开哈罗的时候，他非常难过，而且流了泪。他不忍心离开这个地方，因为这意味着结束了一生中的一个时期。然而，为了人生，为了未来的事业，他必须这么做。他是在取得父亲的同意后离开哈罗的。

“1907年10月初，我进剑桥三一学院，当时我17岁，或者更准确地说，快18岁了。我当了大学生，比在中学自由得多，可以干我自己要干的事，因此，我感到兴高采烈。我摆脱了童年时代约束，终于觉得自己算是成人了。我带着十分得意的神气在剑桥的院里和狭窄的街道上走来走去，一遇见熟人就满心欢喜。”这是贾瓦哈拉尔·尼赫鲁对步入剑桥时感受和心情的真实写照。

这3年的大学生活他过得平静、愉快而最有价值。

所谓平静，就是说，他按部就班地学习着所选择的化学、地质学和植物学等大学课程，而且成绩也很突出。其余的如文学、历史、政治、经济的各种书籍，也都有时间研究。家庭的干扰几乎没有，父亲给了他许多钱。学习环境也不错，在经常交往的人员中，如森·古普塔、赛福丁·克其鲁、赛德·马茂德、塔沙杜克·阿哈默德·薛尔万尼都是较好的朋友。这些同学，后来回国后都从事了政治运动，后期都在政府当上了部长和官员。

所谓愉快，确实有很多非常开心的事。贾瓦哈拉尔·尼赫鲁结交了很多朋友，随着知识范围的逐渐扩大和见识的增高，这些同学、朋友在一起高谈阔论则是最幸福的事。开始，他对于这种高深的谈论有点望洋兴叹，可是过了一段之后也便摸着了门路。他自己说，“至少不会暴露出我对一般问题完全一点也不知道。”他们不但谈论萧伯纳和洛斯·狄更斯的论作新著，讨论尼采的思想，而且还用似乎高尚的态度去谈论性和道德问题。有时涉及伊凡·布洛克、哈维洛克·爱里斯、克拉夫脱·爱平、奥托·惠宁等世界名人。贾瓦哈拉尔·尼赫鲁兴奋地写道：“尽管我们高谈阔论，但我们大多数人在涉及性问题时，却很胆小。至少我就是这样。一直到我离开剑桥之后，在许多年中间，我的知识只限理论方面。为什么如此呢？这很难于回答。我们多数人关心性问题。我不知道我们中间是否有人把罪恶观念跟性问题连在一起。我没有这样想过，宗教的禁忌一点也没有。我们谈着性，认为这是无所谓道德不道德的。虽然如此，一种怕羞的心理和对于普通的方法的反感使我避免两性间的风流韵事。在那时候，我的确是一个害羞的青年，这种害羞心理的来源大约是我幼年过的孤独的生活。”

这些同学和朋友们在一起，不管是物质生活或是精神生活确实是很丰富愉快的。他们谈论的范围一天比一天广泛，一天比一天丰富多彩。“要做的事很多，要看的东西也很多，许多新的道路需要探索”，这是他们的统一感受。在漫长的冬夜，他们经常围坐大火炉边，从容不迫地谈论着各种问题，直到下半夜炉火快要熄灭了才哆嗦着上床睡觉。最有意思的是有时把问题争论到“白热化”的程度，神情话语是那样慷慨激昂。每当这个时候，贾瓦哈拉尔·尼赫鲁总是宣布：“这些问题不是现实问题，我们还没有卷入世界大漩涡。”从而结束争论。

“生活中的爱与美吸引了我，我希望把生活过得更有意义，不要过庸俗的生活，但是尽量利用生活，使生活过得更丰富。我享受生活，不要把生活看作一个罪恶问题。”贾瓦哈拉尔·尼赫鲁对养成奢侈的人和事十分看不惯。父亲给了他很多的钱，但又非常担心，生怕他堕落。实际上，这种担心是多余的。

贾瓦哈拉尔·尼赫鲁愉快的大学生活还表现在一有空闲或假期，他都坚持到欧洲大陆旅行，从中增长见识，扩大视野，提高自身素质和修养。1909 年暑假，他旅行了柏林。他亲眼目睹了齐柏林伯爵驾驶他的新飞船从去士坦斯湖上的腓特烈满飞到柏林的壮阔全景。这是齐柏林伯爵驾驶他的飞船的第一次长途飞行，那天柏林市举行了盛大游行庆祝会，德皇也出面欢迎庆贺。广大群众大约一两万人聚集在柏林的丹卜、尔霍夫飞机场。齐柏林伯爵的飞机准时到达，全场欢声雷动。那一次，贾瓦哈拉尔·尼赫鲁居住的阿特隆旅馆把精制的齐柏林伯爵的相片赠送给全体旅客。贾瓦哈拉尔·尼赫在以后的生活中，始终保存着这张照片，时常陷入幸福的回忆中。两个月后，他又旅行去了巴黎。

1910年夏，他又旅行去了挪威。贾瓦哈拉尔·尼赫鲁记述了一段非常生动有趣的故事。挪威是一个多山的国家，那天他和他的一位英国朋友外出旅游，到了一个小旅馆。天气又闷又热，便想洗澡。洗澡的困难是旅馆没设备。那里的主人告诉说，可以到附近的小溪去洗。于是，他们带着布巾来到了一个溪流边。谁知这是一条冰川激流，水虽不深，但冷得要命，而且水下又非常滑溜。贾瓦哈拉尔·尼赫鲁一溜便跌倒了，顿时便冻得失去了知觉，手脚动弹不得，被激流席卷而去。这位英国朋友还很幸运，虽也下了水，但没有跌倒。他机灵地挣扎上岸，沿着河岸跑下去搭救贾瓦哈拉尔·尼赫鲁，终于在很远的地方将他拖住。上岸后他二人好生后怕，就在前面不远的地方，激流便形成了巨大的峭壁瀑布，简直是直泻而下……

贾瓦哈拉尔·尼赫鲁在回忆这件事的时候风趣地说：“这次我险些丧了命。我仔细观看了那个峭壁瀑布，风景美极了，我忘不了那个地方，也忘不了救我的那位英国朋友。”

这期间，他还有机会去过爱尔兰。当时，爱尔兰的民族主义政党极其活跃，特别是妇女运动强烈地吸引着他。

1912 年夏天，贾瓦哈拉尔·尼赫鲁领到律师证书后启程回国。留学期间，他曾两次假期探家，这次他真的回来了。当他乘船在孟买上岸的时候，他高兴地感觉到他“是一个没有什么特长的沾沾自喜的人”。这个时候，印度的政治空气十分沉闷，提拉克被囚在狱中，激进派备受打击，没有活跃的领导人。贾瓦哈拉尔·尼赫鲁觉得自己在英国所接受的西方思想作风和生活习惯与印度的现实格格不入，也没有发挥政治热情的机会，十分苦闷，便加入了国大党。这是他正式参加印度民族解放运动的开端。后来他在《印度的发现》一书中说，他决定投身政治是出于“个人和民族的自豪感”，觉得像印度这样一个历史悠久的伟大国家，“竟让一个远方小岛捆住手脚，真是一桩荒谬绝伦的事”。他的小妹在她撰写的《我们的尼赫鲁家族》一书中也说，当初尼赫鲁“并不知道搞政治会成为他的终身职业，但时局的演变逼他走上了这条路。”

1916年二月迎春吉日，26岁的贾瓦哈拉尔·尼赫鲁和17岁的卡麦拉结婚了。卡麦拉是一位克什米尔富商的女儿，家住德里。尼赫鲁的父亲亲自为新娘选择首饰，珠宝商、百货商、裁缝大师等天天在极乐轩里出出进进忙个不休。婚礼在德里的新娘家里举行。一周以前，尼赫鲁家族成员以及亲朋好友数百人都乘坐张灯结彩的火车去往德里。前来贺喜的人山人海，准备了好几幢房子都不够用，只好又临时搭了许多"尼赫鲁婚礼大营"供客人住宿。婚礼筹办了好几个月，这样豪华的婚礼，在印度并不多见。贾瓦哈拉尔·尼赫鲁对他的婚姻有过真挚的回忆："当时我26岁，她约有17岁，一个天真烂漫的小女子。我们的年龄相差很远，而我们的思想相差更远，因为我比她成熟得多。我的外貌虽然是饱经世故的样子，但我还是很孩子气，没有意识到这位纤弱、善感的女子的心情像一朵鲜花逐渐开放，需要温存和体贴。我们两个热爱相依，很是相得，但我们的背景不同，不能彼此迁就，有时候甚至发生摩擦，为了一些琐事引起小小的争吵，这种儿女常态过了不久就言归于好了。我们两人的脾气都很急躁，多愁善感，而且都有一点爱面子的小心眼。虽然如此，我们的爱情却有增无减，不过彼此缺乏迁就的情形改正得很慢而已。我们结婚后 21 个月，我们的女儿而且是唯一的孩子英迪拉出世。”

贾瓦哈拉尔·尼赫鲁的爱好是很广泛的，他不但愿意出猎、游泳，而且还愿意爬山。1922 年他在狱中还热烈地回忆着新婚后的夏日与堂兄赴喜马拉雅山探险的情景，他说：“克什米尔的高山和山谷深深地吸引了我，我决定不久就回去游览。我定过许多计划，打算过许多次旅行，其中一想起来使我高兴的就是准备去游历西藏的名湖玛纳萨罗天池和附近积雪的开拉斯山。这是 18 年前的事了。直到现在我始终没有去过这两个地方。甚至克什米尔我尽管怀念，也一直没有去旧地重游。我忙于政治和社会活动，走不开。可是我仍然定计划，这是一种虽然在监狱中也没有人能禁止的快乐。我用坐牢代替爬山渡海，以满足我的游历热望。而且除此之外，在监狱中还有什么事可做呢？我常常梦想有那么一天，我漫游喜马拉雅山，越过这座大山去看我所向往的山和湖，然而年龄不断增加，青年变成中年，中年以后的时代更坏。有时我想到也许我将要老得不能去看开拉斯山和玛纳萨罗天池了。这种旅游即使走不到目的地也是值得一试的。”

1916 年夏天的那段日子，的确使贾瓦哈拉尔·尼赫鲁终身难忘。那天，他离开住在山谷的家，同一个堂兄在山中漫游了几个星期后，便走上了拉达克的山路。

这是他生平第一次来到这通往西藏高原的窄狭荒凉的山谷。站在佐伊拉关向下一望，一边是苍翠的山景，另一边则是光秃秃的岩石。他们继续朝着两边都是山的狭窄山谷走去。积雪的山峰闪着白光，小小的冰河缓缓往下流。风很冷，可是太阳却很温暖。他们常常把物体的距离弄错，把那些实际上很远的东西看得很近。愈走愈荒凉，连草木也没有，有的只是不毛的岩石和冰雪。有时偶尔看到一些令人高兴得不知名的野花。这种境地，他感到"意外的满意"。过了佐伊拉关就来到了玛塔延。这里距有名的亚玛兰那洞窟只有 8 英里了。这个洞窟是最令人向往的。尼赫鲁决心走一走。他们用绳子系着身子向上爬过好几条冰河，困难增加了，呼吸感到了困难。这时天又开始下雪，脚下又显得更滑，每走一步就十分困难。他们从早上 4 点钟就出发，几乎不停地攀登了 12 个钟头，终于来到了一个大冰田。这个大冰田足有半英里宽，走这冰田，从冰田的另一端即可下到洞窟。然而谈何容易，冰田过后，眼前便是张着大口的罅裂，这罅裂真使人心惊胆战。他们终于没敢踏越。最后怀着失望的心情折回。

贾瓦哈拉尔·尼赫鲁每回忆起这段游历时，总时时叨念着这首诗：

这些高山出现在我心头，

山虽然危险，染上了玫瑰色的晚霞，多么美丽。

山上宁静的积雪，

多么令我向往！

他永远对生活充满着爱。即使在以后的9次坐牢的狱中生活中，也随时表现出乐观主义的情绪：

“我躺在蓝天下面，仰望天空和浮云，我比过去更加体会到天空和浮云千变万化的色彩是多么美丽。

“注视千变万化的云彩，

啊，躺着多么甜蜜，静享空闲之乐。”

“漫长的冬夜和明朗的印度天空使我们对于天上的星发生了很大兴趣。我们利用天象图，找出许多星的位置。每天晚上我们等待这些星的出现，看见它们时，感到遇见故人一样喜悦。”

“监狱里的人常常想念许多东西，最想念的也许是妇女的声音和孩子的笑声。……记得有一次我感到一种新的需要，那时我在勒克瑙地方监狱里，我忽然想起我有七八个月没有听见狗叫了。”

“我设法使自己习惯于监狱中的日常生活，并且以运动和相当紧张的脑力工作来保持自己的健康。不论这种工作和运动在外面的价值如何，但在狱中，它们成为不可缺少的东西。”

“有时我由于看书太多而感到厌倦，便开始写作。我为给我女儿一系列的按照我的历史顺序撰写的信件一直忙碌着。这些信件的写作对于维持我的心智的健全有很大帮助。在某种程度上，我生活在我所描写的过去事迹中，几乎忘记了监狱环境。”

“我从囚房里望不见山，但它却占据了我的整个心灵，我永远感到它就在我的附近，在我们之间，似乎不知不觉地产生着一种亲密的关系”。

“众鸟高飞尽，
孤云独去闲，
相看两不厌，
只有敬亭山。”

“我特别喜欢一种运动，那就是两手的手指交叉，放在头的后面，把肘放在地板上，然后两脚朝天，把身体直立起来。我认为这种运动对身体很好。我特别喜欢这种运动所产生的心理效果。这种令人发笑的姿势增加我的幽默感，使我对于生活中的幻想采取了一种更加容忍的态度。”

“我在监狱中度过的岁月是些什么日子！我一个人孤独地坐着，沉浸在自己的思想中，看着一年四季过去。我看过多少次月亮的盈亏、群星转移。我的多少青年时日埋葬在那里，往事不时涌上心头，带着刺心的回忆，它们细声细气对我说：‘值得吗?’关于这个问题的回答，没有什么犹豫。如果根据我现在的知识和经验去重新过以前的生活，毫无疑问我将在我个人的生活中做出许多改变，我将在各方面改进我以前做过的事，可是我不会变动我在公共事务方面所采取的主要决定。实际上，我不能改变这些决定，因为这些决定比我自己有力，一种非我所能控制的力量推动我采取这些决定。”

“我的许多同事又重新回去坐牢，我有点羡慕他们。也许在被监禁的孤独生活中比战争、经济、法西斯主义、帝国主义这种种纷乱的世界中更容易认识生命的有机意义。”

公允和坦诚的性格

公平与坦诚，是贾瓦哈拉尔·尼赫鲁最明显的性格特点之一。他事业的成功，在一定程度上，取决于他这种超出一般人的心理素质。

1936 年 1 月 2 日，贾瓦哈拉尔·尼赫鲁在为他的《自传》写序的时候，谈出了他为人处事的基本观点："我坦白地议论我的一些同事，我和他们共事多年，我对他们抱有极大的敬意。我又批评了各种集团和个人，有时批评得相当严厉，可是我没有因为这种批评而减少对他们的尊重。我认为，凡是从事公共活动的人们，他们相互之间，以及对于他们所服务的公众，必须开诚相见。假使彼此想求得真正的了解，想对我们大家面临着的问题获得真正的认识，那就用不着表面上的客气，用不着逃避各种令人难为情或痛苦的问题。大家必须认识分歧点和共同点，正视事实，不管这些事实怎样令人不愉快。真正的合作必须建筑在这种基础上。"

这是人生的哲学，这是生活和工作的艺术。贾瓦哈拉尔·尼赫鲁带着他这种特有的“艺术”，带领他的同事，历尽艰辛，完成了印度民族独立的使命。他出任印度总理10多年，在国内，制定并执行了民族经济发展的战略，在国际上，倡导并推行了不结盟外交政策。他成为蜚声国际的印度资产阶级政治家。

我们必须知道，贾瓦哈拉尔·尼赫鲁的这种公允对事、坦诚做人的人生特色是从童年就已经开始的。

贾瓦哈拉尔·尼赫鲁经常受到父亲的处罚，可是每次，他都不怀恨在心。因为，他理解父亲，他深切知道父亲所追求的事业的艰辛和对自己的宠爱。那次，他好奇地拿走了父亲的自来水笔，影响了父亲的办公，在遭受痛打之后，他只觉得“只是太重了些”之外，别的什么都没说。这件事使父母深受感动。那次骑马掉下来，摔得可不轻，这件事疼坏了父母，父亲一定要处罚陪随的阿拉哈巴和有关的仆人。但贾瓦哈拉尔·尼赫鲁忍着伤痛，笑脸相迎，他把一切责任都归于自己，把大事化了。贾瓦哈拉尔·尼赫鲁有好几位家庭教师。其中潘迪特教他的印地文和梵文。当父亲知道儿子这两门课程成绩不佳时十分生气，便责怪老师没有尽力尽心。但贾瓦哈拉尔·尼赫鲁则说：“这只能怪我自己，我不善于学习语言，对文法一门不感兴趣。”

贾瓦哈拉尔·尼赫鲁公允对待事物的表现是超人的。那年他 11 岁，一件特大的幸事将在他家降临——母亲妊娠期满，分娩已近。那天极乐轩内一片欢腾，母亲的卧室外，围了不少人。贾瓦哈拉尔·尼赫鲁站在阳台上，焦急地等待着幸福时刻的到来。不长时间，医生兴冲冲地跑上了阳台说：“少爷，告诉你一个好消息，母亲生下了小毛头，不是一个将来要跟你分家的男孩！”贾瓦哈拉尔·尼赫鲁被这突如其来的卑鄙话语激怒了。他狠狠白了医生几眼便转身而去。他失去了对这位医生的尊重。在以后的几年里，贾瓦哈拉尔·尼赫鲁又有了一个小妹妹。他和两个妹妹一直相处极好，从来不把自己看成是独占家产的唯一小少爷。还有一件小事，足以看出他的公允内心。那天他去山林打猎，命中了一只小羚羊使他悲伤异常。他在回忆这件事时写道“自从有一次看到一只小羚羊的情景后，我对打猎的兴趣更加减少了。这只不害人的小动物受了伤、跌倒在我们脚旁边，快要死了，还张开了一双泪汪汪的大眼睛，仰起头来看我。从此以后，我就时常想到那一双眼睛。”

贾瓦哈拉尔·尼赫鲁对于什么事情都有自己的独到见

解，但他从不隐瞒自己的观点。父亲经常用大发脾气的办法对待仆人和其他人，他极为反感。他在《自传》中写道：“他那样对待仆人，吓得我发抖，同时也使我愤慨。”母亲对他过分盲目溺爱，他并不把这一举动当作好事。“有钱人家的独子是容易宠坏的，在印度尤其是这样。如果一个独子长到 11 岁还没有弟弟或妹妹，他很少有不被宠坏的希望。”这是他反对母亲溺爱的基本观点。他常常摆脱母亲的溺爱，做着自己应该做的一切。

贾瓦哈拉尔·尼赫鲁开诚布公的性格重点表现在与父亲诸多较大事情的分歧上。

13 岁的瓦哈拉尔·尼赫鲁已经是神智学会的会员。他在父亲的老朋友白山特夫人的精心诱导和家庭教师斐迪南德·布鲁克的影响下，简直对神智学入了迷。但在这个时候，他突然发现神智学并非完美。他非常敬佩和感激白山特夫人和布鲁克先生，但又觉得“他们并不是什么优秀分子，而是一些平常人，因为他们喜欢安全，不爱冒险；喜欢轻松工作，不爱猛烈的运动。”于是他向父亲提出要求改换学业。理由是“我研究神智学的时期，养成了一副表面虔诚的死板板的面孔，对于跟我同年龄的男女青年，我一定是一个不受欢迎的人，令人讨厌的友伴”。父亲对儿子的这一举动极为不满，主要原因是怕伤害了白山特夫人的心。贾瓦哈拉尔·尼赫鲁发誓相告："对于白山特夫人，我表示热烈的钦佩，我应当感激她，感激神智学。"父亲被儿子的真诚感动了。15岁的贾瓦哈拉尔·尼赫鲁踏上了去英国求学的航船。

在英国留学期间，贾瓦哈拉尔·尼赫鲁一方面刻苦攻读，一方面遵照父亲的叮嘱学习英国上等人的举止风度，除此之外，经常利用假期或空闲时间到欧洲各地游历。这个时候，他的民族主义思想在不断走向成熟。对于童年时听堂兄们谈及英国人和欧亚混种人如何欺侮印度老百姓的事，由朦胧而变得明朗起来，对异族的统治产生了极大的反感。1905年，日俄战争以日本的胜利而告终，这是近代战争史上亚洲国家打败欧洲国家的第一仗。贾瓦哈拉尔·尼赫鲁非常激动，他在回忆这段历史的时候写道："当时，民族主义思想充满了胸怀。"他梦想有那么一天，他一定手拿利剑为印度而战，把印度从英国大帝国的铁蹄下解放出来。同年，印度国内的民族运动也发展到一个新的阶段，印度国大党有史以来第一次提出"自治"的口号。贾瓦哈拉尔·尼赫鲁十分激动，他开始接触了印度国大党激进派领袖提拉克的思想。这个时候，他的父亲也在这场动荡的局势中积极参加了政治活动。不过，他参加的是稳健派。父亲和他的同事和朋友主持了一个省代表会议。父亲被选为国大党联合省的主席。正如东方其他国家一样，印度的新民族主义，是带有一定宗教色彩的民族主义。稳健派有他自己的社会观。他们只是高高在上的少数几个人，跟群众没有什么关系。他们很少考虑经济方面的问题，他们只想到他们部分代表的新的上层中产阶级的利益。他们主张进行不重要的社会变革来削弱种姓制度，取消那些阻碍社会发展的旧的社会风俗习惯。这与激进派的观点是背道而驰的。贾瓦哈拉尔·尼赫鲁对父亲参加政治活动感到很高兴，但对他参加稳健派又很不悦，父子便产生分歧。父亲是一个感情热烈、心高气傲、意志坚强的人，在与儿子的分歧上越来越远。激进派大多是一批年轻人，父亲极为轻蔑，但他看到这批小伙子竟敢独行其是，于是便恼怒了。他不容任何人的反对，加以狠狠打击。他说："不肯宽容这些蠢材们。"他写了一篇论文，向这批青年进行了抨击。当然，这篇文章的观点是符合英国人口味的。贾瓦哈拉尔·尼赫鲁在英国读了父亲的文章后十分气愤，他立即写信批评父亲说："无疑，英国政府对你的新闻活动一定会十分高兴。"这一封带讽刺的信使父亲暴跳如雷。他拍案大怒，指令让儿子马上回到印度来。贾瓦哈拉尔·尼赫鲁怎能服从？他一直是很崇敬自己的父亲的，认为他的精力、勇气和聪明超出他所见过的一切人，希望长大能够赶上他，但是这一次，他的民族主义激情使他不信服自己的父亲了。

这一分歧，一直延续到贾瓦哈拉尔·尼赫鲁从英国回国以后的很长一段时间。

第一次世界大战结束的时候，印度处于一种被压制的激动状态。工业发展了，资产阶级的财富和权力增加了。这些上层少数人既然走了运，有了钱财，他们便追求更大更多的权力和机会，他们使用自己的投资，增加他们的财富。然而，大多数人却没有这样的幸运，他们希望尽快减轻压在身上的负担。中产阶级盼望尽快实现巨大的宪政改革，借以造成大规模的自治，给他们开辟许多条发展的道路，改善他们的地位。政治煽动工作似乎向着爆发的方向发展，大家都在谈论和企盼着民族自觉和自治。这种不安的情绪在群众中间，特别是在农民中间显得更紧迫。然而，幻想很快破灭了，英国抛出了《蒙塔古——蔡姆斯福德方案》和《罗拉特法案》。前者是关于印度政治改革的报告，它断然拒绝自治要求，只答应可以通过直接选举等等；后者授权英印政府当局任意镇压反抗英国统治的活动。这就把印度牢牢地绑在英国大帝国的战车上。然而，尽管这样，无论是稳健派还是激进派都对英国没有好感。政治活动又开始活跃起来。激进派领袖提拉克出狱了，他和白山特夫人各发起了自治同盟会。贾瓦哈拉尔·尼赫鲁很快参加了这两个同盟，特别是对参加白山特夫人的同盟更卖力。白山特夫人在印度各界是很有名望的人物。自治同盟推动了全国形势的发展，不但吸收了那些从1907年起就脱离国大党的积极分子，而且在中产阶级中也吸收了大批成员。这个时候，贾瓦哈拉尔·尼赫鲁的父亲仍然是一个彷徨者。他虽然在表面上逐渐脱离了稳健派立场，但还轻视激进派。与此同时，俄国十月革命宣告成功，在这种新精神的鼓舞下，整个印度民族已经觉醒。这一切，使英国政府极其不安。在这历史的关键时刻，莫汉达斯·卡拉姆昌德·甘地走上了印度政治舞台，他是印度人民心中的"圣雄"。贾瓦哈拉尔·尼赫鲁对他推崇备至。甘地下决心开展"非暴力不合作运动"，以对付英国的高压政策。当时的贾瓦哈拉尔·尼赫鲁是一个非常激奋的人物，正如他自己所说的，是个"纯粹的民族主义者。"他对甘地走上政治舞台给予很高的评价，说他"像一股强劲的新鲜气流”、“一道亮光”、和“一阵旋风”，他“不同程度地影响了印度千百万人民”。他还说：“一听到莫汉达斯·卡拉姆昌德·甘地的话，就立刻被一种神圣的热情所深深感动。”贾瓦哈拉尔·尼赫鲁这样高度评价甘地，是因为当时的民族解放运动主要局限于资产阶级上层，而且多是在立宪领域里处于空谈。这使他感到不安。他认为政治运动决不可服服帖帖地顺从现状，而必须采取大的改革行动。但到底应该采取什么样的行动他始终摸不着边缘。甘地提出的“开展非暴力不合作运动”，使他眼前亮起了一盏明灯，觉得有了奔头。他认定这个运动是一种争取自由的最好行动，既符合印度的传统，又适应印度的现状。于是，他决心抛弃律师职业，满腔热情地追随甘地。

贾瓦哈拉尔·尼赫鲁的父亲仍然拿不定主意究竟怎么办，但贾瓦哈拉尔·尼赫鲁决不灰心，决心说服父亲。

1919年初，甘地得了一场大病。他在卧病中请求印度总督不要接受批准《罗拉特法案》，但总督对于这一呼吁也像对待其他事情一样置之不理。于是甘地断然决定发动了领导全印度的鼓动工作，他发起了“坚持真理社”，众多社员一致保证如果《罗拉特法案》以及其他任何讨厌的法律牵扯到他们，他们会一律不服从。换句话说，他们都永可坐牢！这个办法，使贾瓦哈拉尔·尼赫鲁感到极大宽慰，难事终于有了出路，终于有了一个公开、直接而且可能有效的方法。他满腔热情地参加了“坚持真理社”。用他自已的话说：“我根本没有考虑后果——如破坏法律、坐牢等等——即使考虑的话，我当时也满不在乎。”可是，父亲知道后长长叹息了，他对儿子的举动拼命反对。父亲是一位多思善感的人，这次他思考的是，如果一些人去坐牢会有什么好处？这能会给政府什么压力呢？最触动他的心的是他为儿子着想，他是为他儿子可能会坐牢而伤感。虽然他与儿子经常有分歧甚至有时发脾气，但这回他有点心软了。他虽然不善于在人前表示父亲的情爱，可是在他压抑感情的后面始终潜伏着伟大的父爱。

室内静静的，夜已经很深，父子俩的争执陷入了僵局。是的，如果是这样，这将意味着完全改变了尼赫鲁家族的生活。但是贾瓦哈拉尔·尼赫鲁又决不因为这些改变他的主意，是坚持不会动摇的。一连好几个晚上，父子俩始终是这样争执著。大约是第四个晚上，父子俩争论乏困了，贾瓦哈拉尔·尼赫鲁便独自在走廊内踱步沉思，当他回到室内时，他惊奇地发现父亲试探着在地板上睡觉。贾瓦哈拉尔·尼赫鲁欣喜了，他太了解父亲了，父亲是在品尝睡地板的滋味，因为坐牢是一定要睡地板的。贾瓦哈拉尔·尼赫鲁把父亲思想的进步告诉了甘地，甘地回答说："不要轻率行事，不要干出让父亲太伤心的事。"贾瓦哈拉尔·尼赫鲁对甘地所说的话十分感激，可他又不肯放弃继续做父亲工作的决心。

紧接而来的是"坚持真理日"的到来。这一天，全印度举行罢工罢业。德里城和阿姆利则城的军警都开了枪，打死许多人。阿姆利则和阿麦达巴德的群众发生暴动，发生了雅利安瓦拉大屠杀。旁遮普省推出戒严法进行恐怖和暴力统治，硝烟笼罩了这一区域。外边的人进不去，里边的人出不来，怎么个动乱谁也说不清。从旁遮普省侥幸跳出来的个别人，个个都吓得呆头呆脑，无法讲清内幕情况。贾瓦哈拉尔·尼赫鲁等一些年轻人准备冒险去探听情况，决定违反一次戒严法，但被拒绝了。

这一地区一宣布解除戒严，甘地等人便很快组织人员前去救济和开展调查工作。贾瓦哈拉尔·尼赫鲁同甘地一起进入了旁遮普省，做他的助手。在这次对旁遮普省的救济和调查中，甘地比较有远见地邀请了贾瓦哈拉尔·尼赫鲁的父亲前去参加，收到了预想的效果。他目睹了旁遮普省的现场，使他大受震动，他与儿子的思想靠近了。这是贾瓦哈拉尔·尼赫鲁开诚布公争取父亲的结果。

贾瓦哈拉尔·尼赫鲁公允、开诚布公的性格还表现在他以后漫长的工作和生活中。特别是对圣雄甘地，他总是充分肯定他的伟大，又指出他工作中的偏激和保守。他既是印度民族解放运动的英雄，是“一股强劲的气流”、“一道亮光”、“一阵旋风”，但又是连续两次非暴力不合作运动的失败的指挥者。但这些过错和失误，并没有改变贾瓦哈拉尔·尼赫鲁对他的正确评价：

“假若甘地死了，印度会变成什么样子呢？印度政局如何演变呢？前景似乎很暗淡，每次我想起这点时，我感到非常失望。”

“甘地是印度最典型的代表，他表现了这个受难的古老国家的真正精神。他本人几乎就是印度，他自身的缺点也正是印度的缺点。对他的轻视不能看作是对个人的事情，而是对这个国家的侮辱。”

“甘地的伟大，他对印度的功绩，或者我个人对他的极大的感激都是毫无疑问的。虽然如此，他有许多事情却犯了不可救药的错误。究竟他的目的是什么呢？尽管许多年来我同他最为接近，但我并不了解他的目的。我甚至怀疑他自己是否明白。他说他只要走一步就够了，他不打算展望未来，也不打算前面有一个明确的目标。注意手段，目的自明，这句话他不惮其烦地反复告诫人们。独善其身，则一切皆得其所。这种态度不是政治态度或科学态度，或许连伦理态度也不是。精确地说，它是道德态度，他并提出这样一个问题：什么是善？善仅仅是个人的事，情还是社会的事情？甘地完全强调品质而忽视智力的培养和发展。没有品质的智力可能是危险的，但没有智力的品质又是怎样呢？究竟品质是怎样发展的呢？甘地被人比作中世纪的基督教的圣者，他们说的话有很多似乎同这点吻合，但完全不适合现代的心理经验和方法。”

“不认识甘地本人仅读过他著作的人，往往以为他有僧侣的派头，极端拘谨，面孔阴郁，加尔文式的道貌，好煞风景，有点像‘穿着黑道袍到处传道的僧侣’似的。其实他的著作委屈了他，他的本人比他的著作伟大得多。把他的文章引来加以批评是完全不公正的。他本人同加尔文僧侣的派头恰恰相反。他笑容可掬，笑声动人，他的愉快心情感染了四周。他有一种天真烂漫的神态使他富于魅力。他在走进一间屋子的时候，他带来了一阵新鲜的气息，活跃了屋内的空气。”

“他对社会主义，特别是对马克思主义也发生了怀疑，因为他们同暴力有关。‘阶级斗争’这几个字就有冲突和暴力的气味，所以使他厌恶。他不愿意提高群众的生活标准，使它超出某种低级的限度以外，因为再高的标准和游手好闲会引起恣情纵欲与罪恶。”

“甘地先生认为，他不能够放弃或缓行他为全世界所提出的使命。他理当自由行事，而不应该由于一时政治上的考虑而畏缩不前……在近年中，我发现他固执了一些，他所具有的适应性减少了。可是他仍然保持过去的吸引力，旧时的魔力仍然存在。他的人格的伟大超过其余的一切人。人们千万不要认为甘地对于印度千百万群众的影响减低了。20 多年来，他是印度命运的建筑师，他的工作还没有完成。”

走向成熟的历程

1905年5月底的一天，贾瓦哈拉尔·尼赫鲁从多维尔坐火车到伦敦。在车上他看见报上所载日本海军胜利的消息，兴致特别高昂。到英国求学，在父亲看来英国式绅士的身份、风度是第一位的，这一点，贾瓦哈拉尔·尼赫鲁深有所觉，但是，出于对政治的关注，他更重视伦敦作为世界信息中心的价值。英国绝非印度，每一天，世界政治形势的消息要比印度流传快得多。

踏入英国国土，贾瓦哈拉尔·尼赫鲁进入的第一所学校是哈罗公学，贾瓦哈拉尔·尼赫鲁入学后学习成绩极佳，不到半年就破格升入高年级。不但学业出色，他对英国政治运动还细加研究。1905年的年末，英国大选，自由党大获全胜。1906年的年初，老师发问全班学生有关新政府的一些问题，只有贾瓦哈拉尔·尼赫鲁对答如流，而且包括背出自由党内阁全部内阁成员名单，使得这位教师大吃一惊。

他在这所学校只读了两年书，便觉得这里太小了，不仅是知识量满足不了他的需求，更重要的是他要研究政治，实现他“拿着剑，为印度而战，为印度的自由而效力”的誓言。于是，1907年10月初，他便走进了剑桥三一学院，这一年，他刚满17岁。这正是第一次世界大战的前夜。当时，印度国内的政治运动也风起云涌，这是自1857年反英大起义以来未曾有过的现象。印度国大党已分为稳健派和激进派。稳健派大多是在英国统治下发家的资产阶级中、上层人士，信奉带有自由主义色彩的民族主义。贾瓦哈拉尔·尼赫鲁的父亲就属于这一派。激进派代表资产阶级中稍低的一些人士，信奉以复兴主义为基础的新民族主义，代表人物是提拉克。在剑桥的印度学生，都十分关注国内的动向，他们组织了一个“马奇列斯会”，仿照英国议会，研究本国政治运动。在这个团体里，贾瓦哈拉尔·尼赫鲁思想进步很快。用他自己的话说，思想政治进步是给逼出来的。这个会有一条规定，每次讨论政治，每个人都必须发言，否则就会被罚款。贾瓦哈拉尔·尼赫鲁从小就有一种害羞的心理，他总是被罚款，但他心服口服。这个时期，贾瓦哈拉尔·尼赫鲁明显的进步和成熟表现在他对人和事都判断得比较准确。在辩论会中，有的人用极端偏激的话语评说印度的政治运动，贾瓦哈拉尔·尼赫鲁非常看不惯，每当这时，他都一针见血地批评这是“不切实际地参加印度政治活动的人”。当时，有不少的印度政治家在英国，听说剑桥三一学院有这么一个爱国组织，时常去看望他们。可是，贾瓦哈拉尔·尼赫鲁对他们大多数人并不欢迎，因为觉得他们的言论有点不切现实。“到剑桥看过我们的有贝平·钱德拉·佩尔、拉吉巴特·拉伊、郭克雷等人。我们在一间休息室里会见了佩尔，当时出席的不过12人，可是他跟我们讲话时，提高嗓子大叫，仿佛他是在向一万群众大会发表演说，会上的声音嘈杂，我听不清他讲些什么。拉吉巴特·拉伊跟我们讲话很得体，他的演讲给了我很深的印象。”从这里可以看出贾瓦哈拉尔·尼赫鲁在走向成熟。

这个时候，贾瓦哈拉尔·尼赫鲁的父亲参加了稳健派，而且担当了国大党联合省委员会的主席。这使贾瓦哈拉尔·尼赫鲁感到高兴。但是，不愉快的事情随之而来。父亲与稳健派携手后，便对激进派予以蔑视，他极看不惯这一伙小青年的行为，认为是“独行其是”，于是他撰写文章给予抨击。为这件事，父子二人发生了多年来第一次冲突。父亲曾生气地命令他马上回到印度去。贾瓦哈拉尔·尼赫鲁不但没回印度，反而在政治上日趋走向“极端”。

他几乎走遍了整个欧洲，对芬兰、爱尔兰等国的政治运动进行了多方考察和研究。

贾瓦哈拉尔·尼赫鲁非常不满意回国后的律师生活。在他的心目中，“拿着剑，为印度而战，为印度的自由而效力”才是最有意义的事。他认为，所谓政治，就是积极反对外国统治的民族主义活动。他觉得回国后没有发挥热情的机会。这时，他参加了国大党，时常出席国大党的有关会议，他觉得应该很好去做。这个时候，最令他头痛的是与父亲总不能心平气和地讨论问题，往往一提起政治，立刻便造成紧张空气。父亲密切注意自己儿子所谓走极端的倾向，而儿子也不断批评父亲空谈政治的做法，开导父亲必须采取行动。贾瓦哈拉尔·尼赫鲁说：“我心里更加感到我们不该服服帖帖地顺从现状，必须有所作为。从民族的观点而言，成功地行动并不是很容易的。可是我觉得为了个人和民族的荣誉，都非对外族统治进行更积极的斗争不可。”但父亲毕竟是一个稳健派中的稳健派，“他非绝对看清了没有其他路可走的时候，总不肯放弃立场，每前进一步，对于他，都是一种苦闷的内心斗争。”

贾瓦哈拉尔·尼赫鲁第一次见到圣雄甘地，大约是在1916年圣诞节期间，那是国大党勒克瑙会议期间。大家对甘地在南非的英勇斗争非常钦佩。以后不久，甘地领导一次代表佃农在仓巴伦地方进行一次斗争取得了胜利，这使国大党人感到激奋，他们感到甘地是在试探他的方法在印度的应用，大家对他寄托成功的希望。

贾瓦哈拉尔·尼赫鲁的步步走向成熟，还表现在他对待父亲的耐心征服问题上。这时，他已经把甘地看作了心中的“圣雄”，他把对父亲的问题报告了甘地。甘地不愧为圣雄，他教导贾瓦哈拉尔·尼赫鲁“不要干出叫父亲伤心的事”，缓解了矛盾。更可敬佩的是甘地亲自登门访问，这使贾瓦哈拉尔·尼赫鲁的父亲备受感动。随之又带他去旁遮普参加救济和调查，终于使这个老稳健派有所感化，他终于在1919年的圣诞节期间，向稳健派和自由派的人士们发出了参加议会的呼吁。从此便成了激进派的中坚力量。

父亲的问题解决了，但随之而来的苦恼又接踵而来。1920年8月1日，圣雄甘地正式发动非暴力不合作运动，这一运动导致了1921年11月6日英印政府当局实行大面积逮捕。警察第一次光顾极乐轩，贾瓦哈拉尔·尼赫鲁父子双双进狱。圣雄甘地不得不中止这次非暴力不合作运动，表面理由是曹里·曹拉村农民的行动已超出非暴力范围，他们烧了警察局，并烧死了几名警察。实际上是由于骨干分子已大部分被捕，运动很难进展下去，印度的民族运动进入低潮，这不能使贾瓦哈拉尔·尼赫鲁感到内心隐痛。

1930 年 3 月 12 日，圣雄甘地又发动第二次非暴力不合作运动，这次又导致大批骨干分子被逮捕，贾瓦哈拉尔·尼赫鲁父子再次入狱，而且弱不禁风的妻子卡麦拉也没逃脱灾难。这又不能使贾瓦哈拉尔·尼赫鲁感到苦闷伤感。

贾瓦哈拉尔·尼赫鲁的逐步走向成熟最根本的表现是他在这极其令人困惑的形势下，学会了冷静思索。

第一次非暴力不合作运动的失败，使贾瓦哈拉尔·尼赫鲁醒悟到需要到欧洲走一走。欧洲一行，他出席了 1927 年 2 月初在比利时首都布鲁塞尔举行的“被压迫民族大会”和参加了苏联莫斯科十月革命庆祝活动。这使他开始了用新的角度看待历史和现实。他明白了印度必须政治上实现完全独立，经济上应该实行社会主义，只有工业化才能铺设一条摆脱贫困的道路。

第二次非暴力不合作运动的失败，使贾瓦哈拉尔·尼赫鲁深刻认识到印度的民族解放运动，必须由资产阶级领导，而又要有工农参加。

1939 年 9 月，贾瓦哈拉尔·尼赫鲁访问中国后，圣雄甘地仍在做着他非暴力不合作运动的梦，他对尼赫鲁说，他希望印度成为非暴力的象征，并通过印度的示范在全世界消除暴力和战争。还说他不能使自己卷入这场暴力战争，想开展个人不服从运动。贾瓦哈拉尔·尼赫鲁走向成熟了，他没有答应甘地这种计划，他反对将非暴力作为国家的防御手段，公开表示炸弹不能用非暴力方式对待。贾瓦哈拉尔·尼赫鲁已经完全不像过去那样认为甘地的讲话“充满权威”，“非叫人服从不可”了。

当然，以后还涉及贾瓦哈拉尔·尼赫鲁第 9 次入狱，但似乎与他的是否真正成熟无多大关系。他的真正的理想和抱负，是从这个时期才开始施展的。因为在他第 9 次入狱前，圣雄甘地已基本上退于幕后。

走出困境

1912年快要结束的时候，印度的政局非常沉闷。提拉克被囚在狱中，激进派倍受打击，没有活跃的领导人。这时，稳健派似乎很活跃，但多是表面的无效的活动。他们每年都正常召开一次大会，但也都是不痛不痒的会议，很少有人注意。这个时候，英国对印度的殖民地统治越发加剧，他们断然拒绝国大党“自治领”的要求，秘密授权英国驻印度当局任意镇压反抗英国统治的活动，印度已牢牢地被捆绑在大英帝国的战车上。贾瓦哈拉尔·尼赫鲁感到内心的隐痛。他认为堂堂大印度决不应该服服帖帖地顺从现状，而应采取必要的行动。但到底采取什么样的行动他感到心中无数。在这种情况下，他不得不默默地去从事法律工作，进了高等法院任职。进入高等法院的头几个月过得还很愉快，觉得久别故土，这次终于回来，有一种新鲜感觉。他自己也说，“我觉得回到家乡，恢复旧的关系是令人高兴的事。”然而，渐渐地，他便失去了这种新鲜的感受。陷入了沉闷的生活常规。他认为自己过的是一种毫无意义的空虚的生活。首先，他对所处环境深感厌恶。他每天接触的似乎是“完全同样的一批人”。那些高等法院的律师们，每日坐在一起，除了喋喋不休地谈论与律师事务有关的话题之外，其他什么也没有，简直枯燥到了极点。在社会上，经常看到的是英国人跟那批进出官场的印度官员来往。这些官员，大多都是知识浅薄、心胸狭窄的人。甚至有希望的英国青年来到印度之后，也很快在知识方面和文化方面走向蜕化，从而跟当前的思想及运动相隔绝。他们在办公室内办公文，忙了一天，少不得要进行娱乐的玩耍。他们到馆子里去，拼命地喝着“威士忌酒”。他们到俱乐部去，读英国寄来的“笨拙”杂志和其他有插画的书刊。他们很少看书，即使看书，也都是找那些素来喜欢的刺激书随便翻翻而已。他们过多的是谩骂，抱怨印度的种种不是，谩骂印度的气候，谩骂印度那些给他们增加麻烦的煽动家。他们没有认识到知识方面和文化方面的堕落原因在于英国的殖民统治和印度顽固的官僚政治制度，而他们本人，也慢慢成了这种制度的一部分。那些印度的官员则更令人气恼。因为他们每天都在竭力学习英国人的榜样，似乎洋洋自得。他们和英国人坐在一起，听他们漫无边际地谈论着升职、休假、调职、女人以及琐碎的官场丑事，实在太无聊了。印度中产阶级的生活，特别是懂英语的知识分子，也差不多都染上了这种官场习气。这种恶习，不仅在自由职业界如律师、医生中间风行，而且也流传到半官方大学的课堂里。有一种事使贾瓦哈拉尔·尼赫鲁大为吃惊。那天，他参加了阿拉巴城大学生的一个演讲会。沙斯特里先生给学生作报告。他告诉大学生们要尊敬和服从他们的教师和教授，要小心遵守当局所规定的一切法令。这种告诫，对于贾瓦哈拉尔·尼赫鲁来说虽然觉得讨厌，但是这种强调权威的话是老生常谈，他并不感到新奇，他完全理解这是由于当时印度普遍流行的半官方习气罢了。但这位先生继续讲下去，他号召学生们把彼此所犯的过失应立即向当局报告。换句话说，就是让学生们互相侦察行动，去干告密勾当。在回忆这件事情的时候，贾瓦哈拉尔·尼赫鲁气愤地写道：“这个‘伟大领袖’的善言忠告不由得使我吐舌了。我是新从英国回来的人，我在学校中所受的深刻教训就是千万不要出卖朋友。侦探告密，因而是朋友吃苦，这是违反立身处事原则最大罪恶。这个原则忽然颠倒过来，这使我难过。我觉得沙斯特里先生的道德观念，跟我受教育时所学的道德观念大不相同。”

这个时候，贾瓦哈拉尔·尼赫鲁只能自我选择一些消遗的事，比如打猎、出游。尽管杀伤禽兽他并不感兴趣，因为他曾经打伤过一只小羚羊。那只不害人的小动物受了伤，跌倒在他的脚旁边，那泪汪汪的一双大眼睛他时时想起。但他不得不再出去消磨时光。

除此之外，使贾瓦哈拉尔·尼赫鲁感到不快的事则是父子的原则争执仍没有彻底解决。

第一次世界大战爆发，开始对印度并没有什么影响，因为战争距他们很远。那时只是印度的《防卫法案》（等于英国国防令）紧紧控制着全国。但从第二年起，各种阴谋案、枪杀案此起彼伏，印度的旁遮普地区的动乱逐渐升级。这时，激进派领袖提拉克已经出狱，印度的政治运动又重新活跃起来。提拉克和白山特夫人各自发起了自治同盟会。同盟会不但吸收了那些从1907年起就脱离了国大党的激进派分子，而且在中产阶级中也吸收了大批力量。当时在印度，尽管有很多人高声宣称对英国效忠，可是很少有印度人同情英国人。无论是稳健派或者是激进派，一听到德国军队胜利的消息就拍手称快。当然，这并不是对德国存有什么喜爱，而只是希望自己的统治者倒霉罢了，这是弱者借刀杀人的报仇思想。印度大多数人对这次战争的看法是抱着错综复杂心情的。贾瓦哈拉尔·尼赫鲁的父亲就是这种人。但他与众不同的是他过分稳健，作为稳健派的代表人物，他始终拿不定采取前进方针的主意。贾瓦哈拉尔·尼赫鲁则和父亲恰恰相反，他是一个极活跃的分子。他积极参加了提拉克和白山特夫人的同盟会，而且特别卖力气。当时，印度政府依照在印度的英国军队编制，计划从中产阶级中募集军员，组成印度国防军。贾瓦哈拉尔·尼赫鲁极为不满，他相反提出了参加新军的申请书，以表示对当局政府的抗议。这个时候，他完全克服掉了自己害羞的毛病，经常四处公开讲演。一次公开演说，他使用英语吸引了很多人。演讲之后，著名政治活动家萨普鲁博士上台紧紧抱着他，吻着他。他越来越不安心他的律师事业。他认为干这种职业，无非意味着没有其他事干。他说："我日益觉得要把社会工作，尤其是那种引起我们积极性的社会工作跟律师事业调和起来是不可能的，这并不是原则问题，而是时间和精力问题。"著名律师拉席·勃哈莱·哥斯爵士非常欣赏贾瓦哈拉尔·尼赫鲁的才华，当时，他愿指导他写一本法律学问的书，而且在写作方面愿意替他出些主意，并答应亲自为他修改稿子，他说这是新当律师的人训练自己能力的最好方法。可是，好心的爵士先生落空了。贾瓦哈拉尔·尼赫鲁为政治事务所强烈吸引了。

与此同时，他又参加了“坚持真理社”。父亲密切关注着儿子走所谓极端的思想和行为。贾瓦哈拉尔·尼赫鲁一针见血指出父亲是空谈政治的人。他说：“我心里更加感到我们决不应该服服帖帖顺从现状，必须有所作为。为民族的观点而言，成功的行为并不是很容易的，可是我觉得为了个人和民族的荣誉，就非对外族统治进行更积极的斗争不可。”父子俩的争执日趋僵化，但贾瓦哈拉尔·尼赫鲁决不灰心。这决不单纯是为了自己，更重要的是他要说服父亲，让父亲坚定步入激进派的运动中来。贾瓦哈拉尔·尼赫鲁对父亲是非常了解的。他是一个感情热烈、心高气傲、意志坚强的人，他跟稳健派的很多人不尽相同。他有优点，他根本讨厌许多旧的社会风俗习惯、种族制度等等，他认为这些都是反动的。但他也严重存在着偏见，他眼看着西方，羡慕西方的进步，并且认为能跟英国人联合就可以实现这种进步。他的最大特点是在一般情况下是决不改变立场的，假若一旦考虑成熟，他必然会前进一步，而且不会回头。他不是一个凭着一时热情的人，他是靠理智来导航的严肃人。但是什么时候能够说服父亲，这还是一个谜。

久旱必有甘霖，冰开需用春到。莫汉达斯·卡拉姆昌德·甘地的来访，终于圆满了贾瓦哈拉尔·尼赫鲁的梦，他便逐渐从困境中走出。

这位印度资产阶级民族运动的领袖深得贾瓦哈拉尔·尼赫鲁父亲的钦佩。他 1869 年 10 月 2 日出生于古扎拉特的波尔班达。祖父辈均在朝中为官。家庭信奉耆那教（印度教的支派）。甘地中学毕业后 19 岁赴英国留学，入伦敦大学攻读法律，22 岁取得律师资格回国。甘地回国后，除了营办别人分给他的一点律师业务之外，当时并无什么显赫业绩。1893 年，他应南非一个印度富商的聘请，前往处理了一件债务纠纷案。在南非，他耳闻目睹并亲身体尝了印度人遭到的种种歧视，十分感慨。1894 年聘约期满后，他便接受印度侨胞的要求留在南非，专门进行反对歧视印度人的请愿活动。他工作非常出色，在南非和印度国内享有很高的荣誉。1896 年和 1901 年，他曾两度返回印度，向国内申述南非印侨的疾苦。同时，他生平首次参加了印度国大党活动——1901 年 12 月的第 17 届年会。

在南非期间，甘地有机会进一步研究了印度教、基督教和伊斯兰教的经典，并结交了大批宗教界人士。他经常与托尔斯泰保持着密切联系，深受托尔斯泰非暴力思想的影响。逐步形成了自身独特的非暴力抵抗思想。1906 年，他悬赏征得用梵文"萨蒂亚格拉哈（坚持真理）"一词作为非暴力抵抗的名称，认为这个名称才切合他的木意。他说："我不对任何人怀恶意，但我也不对任何人不义屈膝。我要以真理去战胜非真理，为了抗拒非真理，我宁愿忍受一切痛苦。"他认为所有的人"都是同一个造物主的儿女"，通过非暴力抵抗和自己的忍受苦难，可以感动对方改邪归正。

当初的甘地，他并不反对大英帝国的殖民统治。他曾于1897年英布战争爆发后和1906年祖鲁人反英起义两次倡议组织印度人救护队为英军服务。但在1907年至1908年、1911年和1913年他突然神奇地3次组织印侨进行非暴力抵抗运动，反对英国对印度工人抽取人头税和其他歧视印侨的立法。为此，他数次被捕下狱。从那时起，甘地便成了轰动印度国内的著名人物。

1914年7月，他离开南非回国。他途经伦敦时，正值第一次世界大战爆发。他忽然再次为英军组织印度人救护队。返回印度后，又于1918年应总督之请，去古扎拉特的凯达县，为英国募兵。那时他连日奔走操劳，大病一场，险些丧命。有人指责他的这一行为是违反非暴力的原则，他却辩解说："我知道印度采取了这个行动之后，就会成为帝国最得宠的伙伴。”甘地一片痴心，想以效劳英国的办法来换取印度的自治。但是，结果事与愿违。英国不但不答应印度自治，反而于1918年7月颁布《罗拉特法案》，规定殖民当局有权逮捕和不经审讯可以关押任何印度人，企图以此来镇压在十月革命影响下的印度民族运动。《罗拉特法案》触发了印度人民反英斗争新的怒火。甘地这时感慨地说：“人们要求一块面包，得到的却是石头。”

为进一步抗议《罗拉特法案》，甘地召集更多的人士，并制定了非暴力抵抗誓约，宣誓要对“法案”抵制到底。保证在行动中“忠实地遵循真理，禁止对生命、人身或财产施用暴力”。接着在孟买成立以他为首的非暴力抵抗大会。1919年3月，英国《罗拉特法案》强行实施。这时，甘地决定举行全国总罢业，要求全国停止工作一天，并进行绝食、祈祷与和平示威以示抵议。但是，这便导致了一连串的流血事件，英国殖民军制造了职姆利则惨案，打死打伤抗议群众3000余人。甘地强烈谴责政府当局“像魔鬼般穷凶极恶”。这时，他沉痛明白，说自己犯了一个“喜马拉雅山一样大的错误”。

甘地的形象，在贾瓦哈拉尔·尼赫鲁父亲的眼里是可敬的。他甚至认为他是圣人或超圣人。那一天，在极乐轩的客厅里，甘地与贾瓦哈拉尔·尼赫鲁的父亲谈了很久，很久。贾瓦哈拉尔·尼赫鲁的父亲是一位意志坚强、不屈不挠的人。但是他在甘地面前“屈服”了。甘地身材虽然长得矮小、体弱多病，但钢铁一般的性格和坚如磐石的精神使贾瓦哈拉尔·尼赫鲁的父亲感到远远不及。甘地貌不惊人，赤着身子，系着腰布，但全身显示着那一种说不出的高贵和庄严的风度，使贾瓦哈拉尔·尼赫鲁的父亲感到叹服。谈话中，甘地丝毫没有流露发号施令的表情，而是用那清脆的慢慢细语沁润着对方的心田，他那宁静深沉的眼睛流露着柔顺和谦逊，这使贾瓦哈拉尔·尼赫鲁的父亲感到真诚和着迷。世界上有许多事情不可思议。这个不带棱角、不露锋芒的甘地竟把一个既不柔顺、也不客气、既不接受外来压力、又往往独断独行的潘迪特·穆狄拉尔·尼赫鲁征服了。他的整个法学和宪法学的基础已经完全动摇，从此以后，他完全脱离了稳健派的观点，全身心地投身于甘地所从事的民族运动中来。1919 年圣诞节，他向稳健派的领袖和自由主义派人士发出了动人的呼吁，呼吁大家团结一致，共同迎接新形势。

从此以后，尼赫鲁家族的这父子二人便成了甘地的有力助手。那豪华富贵的“极乐轩”阁也便成了当时政治运动的活动中心。这座名声显赫的贵族宅院便与印度的民族解放运动结下了不解之缘。运动中许多重要决议是从这里诞生，所有文件便在这里发出，贾瓦哈拉尔·尼赫鲁父子心爱的马卖掉了，许多仆役也都解雇，原来庭院里那来来往往衣冠楚楚的老爷、少爷、太太、小姐不见了，代之而来的是戴着甘地帽、穿着粗布衣的男男女女。尼赫鲁父子心情兴奋异常。更有趣的是他们父子二人时常在地板上席地而卧，每日改用粗制碗碟用餐。他们意在将来会有一天要坐牢、目前必须尽量去适应未来的环境。以免到时遭受突然不适应的苦恼。

时过不久，英法策动入侵土耳其，激起了印度人民和穆斯林的极大愤慨。印度的民族运动继续高涨。在这种局势的推动下，1920 年 8 月 1 日，甘地与穆斯林领袖联合发动了一切非暴力不合作运动。9 月，国大党在加尔各答召开特别会议，研究、讨论决议。紧接着国大党召开年会通过了甘地亲手起草的新党章。新党章把甘地的思想作为党的指导思想，把争取印度自治当作奋斗总目标。同时，新党章还规定了机构改制，把国大党改造成为具有中央和各级地方机构，直至在乡村建立群众性政党分部。这是甘地的一项重大改革措施，主要是对付英国的殖民统治。决议明确指出：享有英皇授予爵位者放弃爵位称号；抵制英国学校，英国法庭；提倡使用土布抵制英国布，最后逐步走向抗税。甘地指出：一向形成舆论和代表舆论的各个阶级，应该首先开始行动。这次会议奠定了甘地在国大党的领导地位。随之，印度民族解放运动的浪潮由中上等阶层延伸到中下阶层，由城市发展到农村，迅速在全国蓬勃兴起。贾瓦哈拉尔·尼赫鲁越发佩服甘地，他几乎把所有的时间和精力都投入到运动上去了。

“到乡村去”是这次运动的重点口号。贾瓦哈拉尔·尼赫鲁带着兴致勃勃的兴趣，不辞辛劳、跋山涉水，走访了印度北部农村。“那正是雨季开始前一年最热的 6 月天。太阳火辣辣的晒得人难受。我不惯于在烈日当空的时候在外边走路。我从英国回到印度之后，每逢夏季我总要上山去住些日子。现在我整日在烈日高照下整日奔波，头上连凉帽也没有，只有小手巾裹着。我心中想的是别的事情，简直把酷热忘掉了。回到阿拉哈巴，当我发现自己已晒得黑黑的时候，我才想起所经历的事情。我觉得自己很不错，我经得起最严酷的热，我对酷热的恐惧心理完全没有理由。……一想到印度，我心中就出现了那些衣不蔽体、食不果腹的农民群众。也许当时的空气很紧张，也许当时我的心情容易受外界事物的影响，我所看到的情景，我所获得的印象，不可磨灭地印在我的心上。”一点不夸张地说，贾瓦哈拉尔·尼赫鲁原先对工农大众是一无所知的。这次到农村去学到的关于印度经济方面的知识，是从书本中难以找到的。应该说，尼赫鲁要寻求解脱印度农村贫困的思想，就是在这个时候奠基的。他面前似乎出现了一条光明大道。

然而，一道烟雾散去，又一层阴云也便随之而来。

1921 年是印度国内最为多事的一年，也是贾瓦哈拉尔，尼赫鲁最为多事的一年。这个时期，印度的民族主义、宗教主义、神秘主义以及社会的狂热与政治运动错综复杂地结合在一起。这些因素后面的中心问题是农村中的骚动和城市中日益展开的工人运动。这些五光十彩的，有时还相互冲击的不满情绪在民族主义和一种笼统的但很强烈的理想主义的旗帜下汇合了。可是，民族主义的成分很复杂，其中包括了印度教民族主义。当然还包括那些眼光望着印度境外的伊斯兰教民族主义和能跟时代协调的民族主义。这些民族主义暂时互相结合，似乎都在“印度——伊斯兰教万岁”的口号声中团结在甘地的周围。但实质上，这里危机四伏。首先表现在甘地所倡导的“坚持非暴力主义”则影响着全国局势的健康发展。严格来说，民族主义的本质它必须意味着反抗的情绪，它的生长和发展必须是对准外族统治者，而且必须使用仇恨和愤怒。可甘地所主导思想则恰恰相反，他缺乏仇恨外族统治的情绪。其二，存在危机还表现在民族运动在全国展开之后有了一些改观，全国有一种解脱心情，人们过高认识了自己的力量，普遍认为必将在最近的将来取得胜利，“我们何必满怀仇恨和愤怒呢!”这里表现出了“宽宏大量”。第三种危机则是运动目标模糊，忽视理论导向。人们都在高谈“自由”，可是每个人对于“自由”的解释均不相同。大多数年轻人认为，“自由”就是指政治上的独立和民主政治而言。还有的人认为“自由”就是减轻工农的负担。大多数领袖则认为“自由”的意义比独立轻得多。在这些问题上，甘地总是含糊其辞，他并不鼓励大家把问题搞清楚。因为他在处理问题时，从不重视从理智方面去考虑问题，而只是强调品格和诚心。“忽视用思想理论指导行动，忘记假使没有自觉的认识目标，群众的精力和热情一定会烟消云散”的这种思想基础当时谁也没有。1920年，甘地发表著名文章《武力政策》并演讲得慷慨激昂：

“我深信假如只有怯懦和暴力两者之间加以选择时，

我将劝人们选择暴力……我宁愿要印度采用武力来保护自己的荣誉，而不愿印度卑躬屈节、含垢忍辱地听任人家侮辱，失去自己的荣誉。可是，我认为非暴力比暴力高明得多，宽恕比惩罚的气魄更大……

“宽恕使军人更可爱。可是只有操着惩罚权的时候，自制才算得上宽恕。一个毫无办法、只好任人摆布的人谈不上宽恕，老鼠被猫撕得粉碎的时候是不会宽恕猫的。但是我不认为印度是毫无办法的国家，我也不认为我自己是一个毫无办法的人……

“请不要误解我的意见。力量的来源不是体力，而是坚强的意志……

“我不是幻想家。我自认为是一个实事求是的理想主义者。非暴力的信仰不仅圣人应当采用，就是一般普通人也应当采用。非暴力是人类的法则，正如暴力是野兽的法则一样，野兽的精神潜伏着不起作用，它除开体力外不知道有其他法则。人类的尊严要服从更高的法则——精神力。

“因此我冒昧地向印度人提出古代的自我牺牲法则。在坚持真理派及其各支派来看，不合作运动与和平抵抗运动只不过是受苦受难的新名词而已。在暴力中间发现非暴力法则的圣人，是比科学家牛顿更伟大的天才，他们本人是比英国将军威灵顿更伟大的战士。他们懂得使用武力，他们认识了武力的无用，因而转而宣传救世的方法不在暴力而在非暴力……

“非暴力在积极方面的意义就是自觉地忍受苦难。这并不是说服服帖帖地服从坏人的主意，而是说用自己的整个精神去反对专制魔王的意志。遵循我们这种法则，单独一个人就可以反抗不公正的帝国全部威力，保全他自己的荣誉、他的宗教和他的灵魂，并且替那个帝国的没落或革新打下基础。

“因此我并不是因为印度衰弱才号召印度实行非暴力主义，而正是因为认识了印度的力量我才号召印度实行非暴力主义……我要印度认识他自己有一个不会灭亡的灵魂，尽管在物质方面有弱点……

“我把不合作运动跟新芬运动分开，因为我认为不合作运动不能和暴力并列。可是我要求暴力主义者不妨试一下和平的不合作方式。这种方法不会因为本身内部存在的弱点而失败。也许会因为响应的人少而失败。到了那个时候，就会产生真正的危险。那些再不能继续忍受民族耻辱的有气节的人就要发泄他们的愤怒了，他们会采取暴力手段。我认为他们这样做一定会失败，救不了他们自己，也救不了他们的国家。如果印度采用武力政策，也许暂时可以取得胜利，可是那就不再是我心中引以为自豪的印度了。我热爱印度，因为我的一切都是她给我的，我绝对相信印度对全世界负有使命。”

甘地的辩才和说服力是惊人的，他的话语朴素、简明。他的声音和姿态冷静、明朗、不动感情。然而，这冷冰冰的外表后面却有火一般的热情。贾瓦哈拉尔·尼赫鲁和其他很多人一样，出于对甘地的敬佩和尊重，则不顾一切地把精力和时间都放在运动中。他抛弃了所有社会关系，他抛弃了朋友，他忘掉了家庭，忘掉了妻子和女儿。他的书也看得很少，报纸也只是随手翻阅。他每日紧张地工作，不是在办公室处理公务，便是下农村访问。

在与群众广泛接触的过程中，贾瓦哈拉尔·尼赫鲁突然发现，似乎他没有真正和群众打成一片的感觉。他总觉得自己和广大群众有那么一段距离。他始终在想，“像我这样的人为什么居然能博得这些人的好感和相信，是因为他们对我估计过高，把我看成一种和我的实际情况不相符合的人物吗？”他想到自己本能的空虚。贾瓦哈拉尔·尼赫鲁写道：“等他们对我认识更清楚的时候，他们会容忍我吗？我是在假面目下取得他们的好感吗？……我始终摆脱不掉这种想法：他们敬重我并不是由于认识了我的真面目，而是由于他们把我看成他们想象中的人物。这种想象中的假人物能维持多久呢？为什么要让这种假人物维持下去呢？一旦这种想象中的人物倒了，他们认识了我的真面目，那时会发生什么事呢？”产生这些错觉，道理是很清楚的，那就是本身没有真正的指导思想，没有理论基础，没有正确的信心和目标。但尼赫鲁并不知道。

必然该发生的事发生了。1921 年 12 月 6 日，英国威尔斯王子巡察印度，甘地立即宣布举行全国规模的罢工罢市进行抵制：印英当局的一场大逮捕开始了。那一天的傍晚，贾瓦哈拉尔·尼赫鲁正在阿拉哈巴的国大党办公室里处理几天中积压的事务，一个职员慌慌张张跑来报告说警察已经把办公室包围了。贾瓦哈拉尔·尼赫鲁少不了有些慌乱，因为这是他第一次遇到这突如其来的事情，但他仍然摆出十分冷静和镇静的样子。但过了一会儿，另外两个同事已经由警察陪着来向他告别。不久又传来消息，说城内已有许多人被捕。贾瓦哈拉尔·尼赫鲁在慌乱中急匆匆回到家里，想打听一下家中的情况，到家一看，使他惊呆了，家中内外全是警察，他与父亲同时被警察带上了卡车。这是他生平第一次入狱。

在这场意想不到的灾难中，甘地不得不中止非暴力不合作运动，印度的民族运动进入了又一次低潮。

贾瓦哈拉尔·尼赫鲁在狱中听说甘地中止了运动，感到十分懊丧，他想不通为什么穷乡僻壤农民的行动竟能使民族运动中断，他开始怀疑非暴力运动的缺点。但他又看不到前面的明确道路。经过他昼夜反思，决定过些日子待出狱后到外地走走，以探索印度的出路。

1926 年 5 月，贾瓦哈拉尔·尼赫鲁经过充分准备后，很快偕同妻子、女儿及大妹夫妇踏上了考察欧洲的航程。此次远行，他们以瑞士为大本营，短期访问了意大利、法国、英国和苏联。出访期间，对所访国家的政治、经济和文化进行了全面考察，注视国联的活动，并结交国际知名人士和侨居欧洲的印度革命者。他从欧洲现实中获得了答案：印度政治上必须实现完全独立，经济上应该实行“社会主义”，而且只有工业化才能铺设一条摆脱贫困的道路。他开始感觉到甘地的观点太不现实了。出访欧洲，使他从困境中走出。

在以后的岁月里

1927年2月初，在比利时首都布鲁塞尔召开的“被压迫民族大会”，对贾瓦哈拉尔·尼赫鲁真正走上政治舞台是一个良好的开端。这次具有世界性质的会议是由当时流亡到柏林的革命分子和激进分子倡导组织的。当时，共产党分子在柏林十分活跃。这些革命分子和激进分子共同认为，争取自由的斗争是一种反对帝国主义的共同斗争，各国进步势力必须采取共同思想和共同行动。出席这次会议的代表分别来自欧洲、亚洲、非洲和拉丁美洲的民族主义者、民主主义者、社会主义者和共产主义者。那时，贾瓦哈拉尔·尼赫鲁正好在柏林考察旅游，他听说有这个大会，心情非常激动，于是便写信回国，建议印度国大党派代表正式参加这个大会。印度国大党批准了他的建议，并且委派他为出席这次大会的国大党代表。参加这次大会的有爪哇、印度支那、巴勒斯坦、叙利亚、埃及等国内民族组织的代表，有北非洲来的阿拉伯人代表，有非洲的黑人代表。另外，许多左派劳工团体也有代表出席。共产党代表积极在幕后筹划了这次大会，但他们是以工农团体代表的身份参加会议的。大会选举英国工党领袖乔治·兰斯伯里为会议主席，他发表了激动人心的演说。会上，宋庆龄、高尔基、罗曼·罗兰和爱因斯坦等多国名人发起组织了“反帝大同盟”。“反帝大同盟”是个常设性机构。从事反对帝国主义侵略、支持被压迫民族独立活动等事宜。由宋庆龄担任名誉主席。贾瓦哈拉尔·尼赫鲁积极参加了这个同盟，并担任执行委员。这次会议，使贾瓦哈拉尔·尼赫鲁大大开阔了眼界，加深了对殖民地和附属国家许多实际问题的认识，同时，也进一步了解了西方劳工内部的冲突，了解了英国帝国主义国内的种种矛盾。他说“我自然而然地怀着善意，转向共产主义”。

紧接而来的是数月后的莫斯科十月革命庆祝活动，这又使贾瓦哈拉尔·尼赫鲁极为振奋。那时，“我们大家——父亲、我的妻子、我的妹妹和我——一起于11月间为庆祝苏维埃十周年纪念会到莫斯科去游历过一次。”这次游历时间虽短，只有四五天，但那是很值得的。“就父亲而言，这种苏维埃集体化思想对他是很新鲜的。”对他自己而言，他已经被十月革命后所发生的一切所吸引，更坚定了要求印度完全独立的信念。他说这次游历帮助了他“从新的角度看待历史和现实”。苏联所进行的是“历史上最伟大的事业之一，它似乎给世界带来了希望的信息”。他开始认识到印度和苏联都是很穷的农业国，印度所面临的问题也“只能用俄国的方式来解决”。这次他重访欧洲，无疑为他日后制定印度改革政策奠定了重要思想基础。

从欧洲回国，贾瓦哈拉尔·尼赫鲁精力特别充沛，过去那种常常苦恼的心理斗争和悲观失望的情绪消失了。“我的眼界比以前广阔，……没有社会自由，社会和国家没有社会主义机构，无论国家和个人都不可能有很大的发展，我自己感觉到世界上的事情比以前看得更清楚些，对于当前的世界，不管它怎样变化多端，比以前更能掌握。”

这年的 12 月份，国大党在马拉斯召开年会，贾瓦哈拉尔·尼赫鲁为赶上这次会议，从欧洲匆匆赶回印度。在这届年会上，他向工作委员会提出了关于独立、关于战争危机、关于跟反帝大同盟建立联系等系列决议案。工作委员会几乎全部接受了这些决议案，并且把它写成工作委员会的正式决议案在大会上一一通过。这是在国大党的历史上，第一次把“自治”要求上升为“完全独立”的要求。会后，贾瓦哈拉尔·尼赫鲁兴奋异常，他到处宣扬“社会主义”，积极实行改革。不少组织，例如青年组织和劳动组织等还热情地邀请去领导。贾瓦哈拉尔·尼赫鲁开始担任了国大党书记职务，他已经崭露头角。

1929 年冬天，国大党在拉合尔召开年会。贾瓦哈拉尔·尼赫鲁成了中心人物。整个拉合尔人民是一片欢腾。贾瓦哈拉尔·尼赫鲁在回忆那时情景时写道：“我永远不能忘记拉合尔人民给我的盛大欢迎，这种欢迎的规模和热烈程度使我永志不忘。我认识得很清楚：这种洋溢的热情并不是对我个人表示好感，而是对于一种象征、一种思想表示拥护。”这次年会，把“完全独立”作为从今以后的斗争目标，并规定每年的 1 月 26 日为“独立节”。这次年会，贾瓦哈拉尔·尼赫鲁被选为党的主席，这是他走上党的最高领导岗位的起点。这一年，他刚满 40 岁。为了庆祝自己当选，他骑着战马，像出征的将军一样，威风凛凛，率领群众队伍游行。沿途群众甚至爬到屋顶上在为他欢呼。不久以后，他又周游了全国，宣传自己是“社会主义者”和“共和分子”。他得到越来越多群众的拥护，尤其是工农大众。所到之处，简直是万人空巷。人们把他看成是印度的希望，称他为“印度的瑰宝”。

第一个独立日——1 月 26 日到了。这个日子，“像闪电一样显示出全国人民的热忱”。这一天，全国一片欢腾。贾瓦哈拉尔·尼赫鲁亲自率领成千上万人群众宣誓，要为印度的独立而斗争：

“我们认为享受自由，享受自己的劳动果实，并且具有生活必需品，以便更充分发展的机会，这是印度人民不容侵犯的权利，我们也认为，如果政府剥夺了人民的这种权利，压迫人民，那么人民就更有权利更动这个政府，或者打倒这个政府。在印度的英国政府不仅剥夺了印度人民的这种权利，而且把自己建立在剥削群众的基础上，在经济、政治、文化和精神方面摧残印度。因此我们认为，印度必须同英国断绝关系，完全独立……”

这一天，还代表国大党发表了《纪念决议》：

“……我们这些……公民，在这里对那些参加独立斗争的伟大斗争并自己忍受痛苦和牺牲以求祖国自由的印度儿女表示我们的感佩心情；向经常鼓舞我们，向我们指出高尚目标和努力道路的伟大的、敬爱的领袖圣雄甘地，表示我们的感佩心情；向那些为了自愿献出自己生命的几百个英勇青年，表示我们的感佩心情；向白夏华、整个边省、绍拉浦、米德拉浦区和孟买的烈士们表示我们的感佩心情；向那些受过敌人棍打的成千上万的人表示我们的感佩心情；向那些冒着自己的生命危险，拒绝向自己的同胞开枪或采取其他行动压迫自己同胞的加瓦利团的士兵，以及政府军警中的印度人，表示我们的感佩心情；向面临各种恐怖行为而丝毫不动摇、不退缩的古甲拉特地区的英勇农民，向印度其他地方不顾一切摧残压迫，积极参加斗争的长期受苦受难而继续坚持奋斗的农民，表示我们的感佩心情；向那些不顾个人的损失，支持民族斗争，特别是抵制外国布和英国货的斗争的商人和其他商业界人士，表示我们的感佩心情；向那坐过牢、受尽苦痛并有时在牢里挨过打的十万人表示我们的感佩心情；向那些真正像印度战士一样，不顾名利，一心只想到他所为之奋斗的伟大事业，在各种痛苦和困难中坚持和平工作的志愿队员，表示我们的感佩心情……”

这个时候，贾瓦哈拉尔·尼赫鲁清楚地看到农业生产的下降已是前进的严重危机。他认为，“经济危机的前途不是法西斯主义就是共产主义”。他反对法西斯主义，但对共产主义又很不了解。于是，他读了一些马克思的著作，并得出了一些较明确的结论。他说经济危机“似乎证明了马克思分析的正确，在其他一切体系和理论都在黑暗中摸索时，唯有马克思主义多少满意地作出了说明，并提出了真正的出路。”他联系世界局势，写出了《印度向何处去》等论文，大胆地指出印度应该走完全独立的道路。

在上述形势下，圣雄甘地既为印度人民的民族激情所鼓舞，但又担心群众运动进一步激化，影响“大局”。这种偏见又一次占据了他的头脑。于是，于3月12日，他又发动了第二次非暴力不合作运动。

英国殖民当局非常害怕非暴力不合作运动的激化，于是便以迅雷不及掩耳的速度宣布国大党为非法组织，并且立即实行了大逮捕。这一年内，贾瓦哈拉尔·尼赫鲁于4月和6月两次入狱。入狱期间，由其父亲代任党主席职务。但6月的最后一天，这位代主席也被捕入狱，直至9月8日才被释放。

这些日子，越来越多的国大党人被送进监狱。贾瓦哈拉尔·尼赫鲁的母亲和妻子对这种事情感到极为激愤，他们走上街头，运用各种办法去进行抗议。妻子卡麦拉除参加纠察队外，还从事其他事务，她在太阳底下整日奔走，表现出惊人的组织能力和勇敢精神。1931年1月1日，她也被捕入狱。当她被捕的时候，当时在场一位新闻记者请她发表谈话时，她几乎是不假思索地不自觉地说道：“我能够步丈夫的后尘，感到不胜愉快，并引为骄傲。我希望人民能够不屈不挠地继续进行斗争。”

这个时间，圣雄甘地也没有逃出监狱之门。

1931年1月26日第二个独立节那天，圣雄甘地和贾瓦哈拉尔·尼赫鲁夫妇一同被释放，但是面临着的是贾瓦哈拉尔·尼赫鲁的父亲病入膏肓。他在临终时留下遗言：“如果我非死不可，那就让我死在自由印度的怀抱里，不要让我长眠在一个殖民地的国土上。”当时的情景是这样的：“我以为他已经入睡，感到高兴，但母亲的感觉比较敏锐，她大叫了一声。我回转身来，请她不要惊扰父亲，因为他已经睡着了。但这是最后的长眠，他再也不会苏醒了。”

1936年，是贾瓦哈拉尔·尼赫鲁最不幸的一年。这一年，他除了连续坐牢之外，他那贤惠美貌而且年仅37岁的妻子卡麦拉也久病离开了人世。1935年，卡麦拉曾一度在欧洲治病，贾瓦哈拉尔·尼赫鲁也一度坐牢。英国殖民政府表示，如果贾瓦哈拉尔·尼赫鲁保证不搞政治活动，就马上释放他，但他没有答应。妻子卡麦拉也鼓励他“别给政府作保证”。4月，卡麦拉再赴瑞士治病，这便是她最后一次离开故土。贾瓦哈拉尔·尼赫鲁临时出狱送行，道过“再见”后就含泪坐上等在一旁的汽车回狱了。他的小妹说，当时他很伤心，“好像突然失去走路的弹性和一向具有的活力”。妻子的去世，使贾瓦哈拉尔·尼赫鲁悲痛欲绝，真是“宝剑磨损了剑鞘，心灵磨损了胸膛”。“18 年的婚姻生活啊！其中有多少年我消磨在监牢里，卡麦拉消磨在医院和疗养院里呢？今天我又坐牢，只能出来几天，而她却卧病在床，做垂死挣扎……”在贾瓦哈拉尔·尼赫鲁的《自传》扉页上，他深情地写着“献给已与世长辞的卡麦拉”。为了纪念她，后来，他在尼赫鲁家族的老家阿拉哈巴德修建了一所卡麦拉·尼赫鲁纪念医院。

1936 年，贾瓦哈拉尔·尼赫鲁再次当选为党的主席。这个时期，他更加走向成熟。他除了极力主张印度的民族解放运动既有资产阶级领导，更强调让工农参加，他开始把民族解放运动推向一个新阶段。

1937 年，英国为了满足部分印度资产阶级在政府中享有自治权的愿望，第一次允许印度举行省区选举。贾瓦哈拉尔·尼赫鲁以印度国大党的身份为本党竞选。在 5 个月的时间内，他走遍了 10 多个省，到处发表演讲。他发誓一定要为印度争取自由，结束贫困和苦难。这个时候，他的大妹妹潘迪特夫人也更活跃，她被国大党选为外交部长，多次出使英国、美国和苏联。后又担任过印度驻联合国代表团团长。

1939 年 9 月，贾瓦哈拉尔·尼赫鲁出访中国。这正是第二次世界大战全面爆发之际。在中国之所见，他表现了极大的政治敏锐感。英国政府已宣布印度对德宣战，贾瓦哈拉尔·尼赫鲁极为不悦。他认为，一个英国人竟能把四亿印度人民投入战争，可以说明殖民制度的“根本错误和腐朽”，这是对印度的侮辱。但是在这个时候，圣雄甘地仍然在坚持非暴力不合作运动。此时，贾瓦哈拉尔·尼赫鲁已不像过去那样认为圣雄甘地是“充满权威”了。

1941 年 8 月 8 日，国大党通过要英国“退出印度”的决议，提出英国应立即终止在印度的一切统治，印度需组织临时政府，制定宪法。“退出印度”决议通过几个小时之后，英国政府大为恼火。于是，一次更大规模的逮捕开始了。一连几个月，反抗英国统治的斗争风起云涌，袭击警察所、毁坏火车站来势凶猛，简直是史无前例。这时的圣雄甘地也逐渐放弃了基本观点，表现在他没有谴责这种必须的暴力。这一年，贾瓦哈拉尔·尼赫鲁第 9 次入狱。这次入狱，是一生中最长的一次入狱，一直到 1945 年 6 月 15 日第二次世界大战结束前不久才获释放，历时 1041 天。他在狱中撰写了《印度的发现》一书，详细记述了自己的过失和发现新思想的经过，句里行间充满了爱国主义的激情，他展望了战后的世界，筹划着印度的来来。

1946 年 9 月，印度临时政府成立。贾瓦哈拉尔·尼赫鲁再次当选国大党主席并担任副总理。1947 年 6 月，英国政府公布了将印度分为印度和巴基斯坦两个自治领的蒙巴顿方案，实行印巴自治，从此，印度完全独立。8 月 15 日，贾瓦哈拉尔·尼赫鲁出任总理。为庆祝印度获得独立，德里城红堡广场举行盛大庆祝典礼。人数达 20 万人以上。贾瓦哈拉尔·尼赫鲁在英国的国旗降下之后，亲手徐徐升起了印度国旗。此时群情激昂，欢声震天。贾瓦哈拉尔·尼赫鲁庄严宣布：“印度经过长期的沉睡和奋斗之后真正站起来了！”“新的希望产生了！长期怀抱的理想实现了！”“我们将永远不让自由的火炬熄灭，不管风多大，浪多高。”这铿锵有力的誓言，比当年的独立宣言更有气魄、更壮观，它表达了贾瓦哈拉尔·尼赫鲁毕生的抱负和愿望。

这一期间，圣雄甘地基本上居于幕后，一切大事都逐渐放手不管。此时与贾瓦哈拉尔·尼赫鲁暗中抗衡的只有帕特尔一人。他担任党的司库，控制着党的财政大权和党的机密。他还是副总理，兼管内政、新闻广播、省邦关系等内部诸多事务。他被称为“保守派”头领，同大资产阶级关系十分密切，这无形中是对贾瓦哈拉尔·尼赫鲁在进行着挑战争雄。这在贾瓦哈拉尔·尼赫鲁的心中总是一块心病。

1948 年至 1950 年，这种局面逐渐好转。1948 年 1 月 30 日，圣雄甘地在前往比尔拉财团庄园做晚祷的途中，遭狂热印度教徒枪杀身亡。1950 年 12 月，帕特尔因病去世。这样，印度完全“尼赫鲁时代”便从此开始。1950 年 1 月 26 日，印度宪法正式生效，印度已经成为一个“主权的民主共和国”。1 月 26 日变为“共和国日”。贾瓦哈拉尔·尼赫鲁不但是党的主席，还是总理。另外还兼任外交部长、原子能部长、计划委员会主席和国家发展委员会主席。他每天天刚亮就起床，先做瑜伽功锻炼身体，然后沐浴。更衣时忘不了在胸前别上一朵含苞待放的红玫瑰。早餐后便开始工作。往往一天工作 17 个小时，是世界上最忙碌的总理之一。他在国内享有很高的声誉，在国际上也较有名望。美国前总统尼克松在他所著的《领导者》一书中称赞说“尼赫鲁把语言、文化等很复杂的印度组成一个民主国家，这是战后年代最不平凡的成就之一”。

贾瓦哈拉尔·尼赫鲁为什么有这么大的威力呢？这是

历史背景和诸多因素的作用。首先从历史背景来说，印度社会是有几千年封建文化的社会，所以十分崇拜英雄人物。贾瓦哈拉尔·尼赫鲁已成为人民心中的偶像。他出身贵族世家，祖辈在朝中为官。这本是基础，更重要的是他抛弃富裕的家庭生活，为民族解放事业九进九出监狱，这无疑是位英雄。其二，圣雄甘地给了他不可多得的提拔和帮助。是他，引导贾瓦哈拉尔·尼赫鲁投身民族运动，是他，把贾瓦哈拉尔·尼赫鲁一手扶上国大党和印度总理的宝座。有人说他是甘地的“精神儿子”和“高足”。其三，贾瓦哈拉尔·尼赫鲁善于活动，注意影响，他能广泛接触群众，使群众对他产生好感。其四，贾瓦哈拉尔·尼赫鲁比其他资产阶级政治家更有远见，他能代表资产阶级的利益，顺应了大势潮流。

1952 年印度第一届大选，国大党以 2／3 的多数议席大获全胜，从此便是国大党天下。贾瓦哈拉尔·尼赫鲁便开始为巩固政权谋划。他调整党政要员，挑选资望较浅，能够接受自己控制的人担任要职，始终在群众中树立“印度只有一个领袖”的形象。不管是党政任何要员，都绝对是其追随者。

贾瓦哈拉尔·尼赫鲁政权稳定之后，便实行军政改组。

他废除陆军总司令兼管海军和空军的制度，实行三军分立，一律排除英国各级军官管制，实现印度人自管军队。1958年止，各级军官已全部印度人化。在政府中，也建立起印度行政官制度，以取代英国文官制度。到1957年，共培养出印度行政官员1056人，相当于独立时的文官总数。另外，在英国人开办的或控制的公司中，印度人也在逐渐插入。

从1950年开始，贾瓦哈拉尔·尼赫鲁便注重中央集权制。到1955年止，全国已经实现14个邦和6个中央直辖区、废除了邦的等级差别、取消了首席王公的行政领导权力，除个别邦之外，基本上按语言划分。同时，为了便于集权，抑制地方势力，成立了地区委员会。每个地区管理四五个邦。

贾瓦哈拉尔·尼赫鲁对土地问题极为关注，认为土地问题是印度“基本的经济、社会、政治和文化问题的钥匙”。印度独立后，“土改”问题便成了全国工作的焦点。“土改”的主要内容是：废除“柴明达”法定地主制；实行租佃改革；规定土地特有最高限额等，其中以废除“柴明达”地主制较有成效。“柴明达”语意是拥有土地的人。他们原是给国王充当包税官的中间人。英国统治印度之后，颁布了一个“永久性土地整理”法令，承认他们的土地所有权，于是他们便成为法定的地主。这些人共拥有全国耕地的50—60%。这些土地层层转租，二地主、三地主、四地主等层层中间剥削。“柴明达”中间人是英国统治者在印度的重要支柱，是农村的土霸王，他们财多势大，任意欺压贫苦百姓。

印度的国民经济基础，在独立的时候十分薄弱，农业人口占全国人口的80%以上。但粮食单位面积产量属于世界最低国家之一，同旧中国一样，是一个“饥荒大国”。印度的工业比重很小，而且主要是纺织、制糖等轻工业。英国资本家控制着财政金融、铁路交通和邮电事业，并且在工商业投资中占有近半数，控制着许多大的工矿企业和种植园，严重地阻碍了印度的经济发展。国内市场狭窄，人民生活水平很低。贾瓦哈拉尔·尼赫鲁还是一个经济学家，他懂得没有经济的独立就不可能有完全的民族独立，因此，他制定了印度经济发展的战略，实行计划经济。这一计划经济，实际上就是公私并举的“混合经济”。它包括公营和私营两个实体。二者可以并举。公营部分主要靠兴办新型企业而不是靠国有化私营大企业来扩充，而且要着重兴建一些私营部门不愿意和无能办理的企业。对私营大企业，进行有限度的扶持。在这两部分经济中，公营部分的比重要不断增大，处于优势地位。这一计划进展比较顺利，印度的经济面貌很快好转。

1954年11月5日，贾瓦哈拉尔·尼赫鲁访问了中国。新中国的社会主义建设使他深受鼓舞。回国后他公开表示他心目中的“印度未来景象完全是社会主义的”。12月和第二年的1月，印度议会和国大党在阿华迪年会上分别通过决议，以建立“社会主义类型社会”作为印度经济政策的目标。值得要说的是，贾瓦哈拉尔·尼赫鲁所倡导的“社会主义”，不是马克思主义的科学社会主义，而是西方民主社会主义思潮在第三世界的一个变种，它带有圣雄甘地的民族主义思想成分，也借用了苏联计划经济中以重工业为发展重点的做法，目的还是为了发展资本主义。这是印度独立后7年中首次再提“社会主义”的口号。这一口号是为了适应印度当时的国内外形势需要而提出来的。贾瓦哈拉尔·尼赫鲁认为，历史在发展，目前，世界正经历一个严酷的阶段，很难判断这一时间有多长，或能否不经过一场战争调节好。对印度来讲，主要问题是如何在这场危机中在经济中稳住自己，未来的10年是很重要的，因为这10年印度必须打好基础。到中国访问，他深刻认识到独立国家对社会主义的向往是不可阻挡的历史潮流，作为印度，必须扩大其在亚洲的影响，否则就会被动。他意在同中国竞赛。影响群众、赢得政治资本，“最后击败共产主义”。“只要我们敲起社会主义的锣鼓，我们就将永远掌握大权”这是根本主导思想。所以，这个“社会主义”他们叫做“民主社会主义”，或“中间道路”，也叫“第三条道路”。贾瓦哈拉尔·尼赫鲁说，它是介乎共产主义和资本主义之间的东西，吸收了现行各种制度的精华，又具有印度特色，可以令印度成为在民主制度下发展经济的世界典型。这不能不说这个比较成熟的政治家在犯着严重的错误。1956 年至 1957 年印度的第二个五年计划，它以重工业和工业为发展重点，大力发展公营部分。在苏联、美国以及英、法、西德、加拿大和日本的大力援助下，确实一度扭转了印度殖民地时代的经济发展方向，但是，另一面，由于对农业和轻工业不够重视，结果造成了农轻重比例失调的严重局面，不得不大量进口粮食。粮食和其他农产品的年进口量从第一个五年计划时的 170 万吨增加到第三个五年计划的 650 万吨。印度二亿七千万人，平均每人每天只靠 1 两多粮食生活。

第二次世界大战的结束，使世界上出现了两大阵营对垒的局面，亚非国家自然而然地处于两大阵营争夺的中间地带。印度刚刚获得独立，理所当然地要继续完成民族独立中未完成的事业，需要反帝、反殖、反对战争维护和平。但是，美国从它的全球战略出发，想填补英国撤出南亚次大陆后留下的空白，想要借印度巨大的潜力来抵抗新中国的影响，实现自己在亚洲的战略意图，于是，它竭力拉拢印度结盟。这个时候，贾瓦哈拉尔·尼赫鲁是明智的，表现了这位政治家的远见。他认为世界两大阵营的力量大体处于平衡。哪一方也不可能轻易击败对方，但一旦发生战争，就不可能轻易会有结果。如果印度参加了军事集团，印度就非仰人鼻息，跟着卷入战争不可了。如果不去参战，那经济的发展也会受到影响。面对这种局面，他采取了最聪明的办法，即“不把所有的鸡蛋放在一个篮子里”。于是，他积极倡导了不结盟的外交政策。这样一来，不仅有利于世界和平，而且也使印度得到了实惠。印度独立后 10 年多，从冷战双方中共得到援助 500 亿卢比，其中一半来自美国。

1949 年 12 月 30 日，印度承认中华人民共和国，两国建立了友好合作关系，同时互派大使。贾瓦哈拉尔·尼赫鲁派遣了印度著名学者、作家和政治家潘尼迦担任首任驻华大使，潘尼迦大使为中印友好关系做出了有益的贡献。贾瓦哈拉尔·尼赫鲁1950年8月3日在议会上发表演说时说：“从来自我们驻华大使的一切迹象表明，中国对我们有着最友好的感情，我们对伟大的中国也有着最友好的感情。”应该说，这是很正常的事，因为，中国和印度是亚洲两个毗邻的大国，从历史的远古时期开始，一个又一个历史世纪，都记载着两国人民的传统友谊和经济文化交流的美好篇章。就近代而言，中国的伟大革命先驱孙中山夫妇和伟大的革命文学家鲁迅先生都曾经积极地支持过印度的反英斗争。宋庆龄早在1933年就斥责过英国迫害印度革命和压迫印度人民的罪行。在中国人民的抗日战争中，贾瓦哈拉尔·尼赫鲁也积极支持过中国的正义事业并赞同国大党派遣医疗队援华。这次两国建立外交关系，两国人民古老的传统友谊又开出了绚丽的花朵。贾瓦哈拉尔·尼赫鲁对新中国的出现所采取的尊重现实的态度是可取的。他同蒋介石交往很深，但他还是考虑到了新中国。新中国成立前夕，蒋介石曾寻找贾瓦哈拉尔·尼赫鲁的大妹妹进行说情，要印度支持他的政府，但贾瓦哈拉尔，尼赫鲁说：“尽管我同蒋介石有友谊，但我作为总理、外长，不能闭眼睛不看现实”，“我深信，现在如果支持中国的垮台政府，我们会受到谴责，这会刺激印度的共产主义。”在这种思想指导下，于是他在建立两国友好外交关系的基础上，又积极支持恢复中国在联合国的合法席位。但是必须指出的是，虽然两国建交并且他积极主张中国恢复联合国的合法席位，但他一直想抑制中国的想法同时存在，主要是没表现出什么实际效果而已。

在中国政府的积极努力下，1954 年 4 月 29 日，中印两国签订了《关于中国西藏地方和印度之间的通商和交通协定》，清洗了英帝国主义侵略我国西藏留下的痕迹。印度政府放弃了他所继承的英国在我国西藏的特权。印度撤走了在我国西藏的武装卫队和驿站，移交了邮电等设备。两国商定以和平共处五项原则为指导中印关系的准则。6 月，中国总理周恩来应贾瓦哈拉尔·尼赫鲁的邀请访问了印度。6 月 28 日，两国政府发表联合公报，公开提出按照五项原则发展两国友好关系。次日，周恩来总理又访问了缅甸，两国也发表了联合声明，进一步肯定了五项原则。这样，中国、印度、缅甸将近 10 亿人民在亚洲地区就形成了一股维护世界和平的巨大力量。贾瓦哈拉尔·尼赫鲁在对世界贡献和对中国的友谊方面，迈出了可喜的一步。

1954 年 10 月，贾瓦哈拉尔·尼赫鲁偕同女儿英迪拉·

甘地夫人访华，受到中国人的热情欢迎，“印地——秦尼巴依巴依”的口号声此起彼落。

1956年11月，周恩来总理和贺龙副总理访问印度，同样受到热情接待。“印地——秦尼巴依巴依”的口号声和欢呼声从德里城飘向加尔各答，飘向孟买，飘向印度四面八方。

1955年岁末，中国人民代表大会常务委员会副委员长宋庆龄访问印度。这次中国访印代表团还有中国人民保卫和平委员会副主席廖承志、中印友好协会副会长陈翰笙及其夫人等10多人。贾瓦哈拉尔·尼赫鲁与宋庆龄是30年前的老朋友，这次相逢，均有说不尽的知心话。访问期间，每天清晨，贾瓦哈拉尔·尼赫鲁总是陪同宋庆龄散步，边走边谈世界和平和两国30年的交往与变迁，共同展望美好的前景。散步结束一起用早餐。贾瓦哈拉尔·尼赫鲁为了助兴，总是安排女儿和女婿陪同就餐，气氛相当融洽。宋庆龄副委员长高兴地看到，在贾瓦哈拉尔·尼赫鲁的书架上，还放着她的30多年前的照片。

1955年4月18日至24日，万隆会议召开。29位亚非新独立国家的领导人代表着世界3/5的人口欢聚在印尼西爪哇的万隆共商世界大事。印度是万隆会议的五个发起国之一。贾瓦哈拉尔·尼赫鲁亲自参加了这次会议的筹备工作，他积极主张要求中国政府参加。中国政府派周恩来总理率代表团参加了这次大会。他针对与会国家中有社会主义国家、民族主义国家和军事条约国的情况，提出了“求同存异”的主张，并同缅甸、印度等国代表一起将“五项原则”上升为国际关系准则。他宣布中国严格遵循“五项原则”，一定要成功地在亚非国家中建立起中国是个爱好和平的国家的新形象，促进会议的成功。会上会下，周总理成了最令人瞩目的人物，他出现在哪里，哪里都是欢呼声和掌声。

在这次会议上，贾瓦哈拉尔·尼赫鲁积极主张加强亚非国家的团结与合作，表示坚决支持亚非各国人民争取和巩固民族独立的斗争，并坚持以五项原则指导国际关系。这是他国内外声誉处于顶峰年代的一项重要活动。会后，贾瓦哈拉尔·尼赫鲁说：“万隆会议宣布了世界一半人口对世界事务的政治觉醒”，“把万隆会议看作孤立事件而不看作人类历史的伟大运动的一部分，是歪曲事实。”

会议通过的“关于促进世界和平与合作”的宣言，是亚非人民共同声讨帝国主义、殖民主义的檄文。它严正地抨击殖民主义政策，倡议以和平共处五项原则作为促进世界和平与国际安全的基础。会上所反映出来的亚非国家反对殖民主义、要求民族独立、要求增进相互团结、和平共处等愿望，被称为万隆精神。

万隆精神大大地鼓舞和推动了亚非人民反帝、反殖、争取民族解放的斗争。一个又一个国家走向独立。1961 年贝尔格莱德不结盟国家首脑会议为起点的不结盟运动，也是在万隆精神的基本原则基础上发展起来的。

1962 年初，贾瓦哈拉尔·尼赫鲁为迎接第三届大选，他以 72 岁的高龄在一个月的时间内奔走了 3 万公里，向 90 个集会对群众进行演讲，几乎创造了世界纪录。同年 5 月，贾瓦哈拉尔·尼赫鲁身患肾病，背也明显驼起，病魔在向他挑战。越来越多的事使他陷入自我孤立状态，好像感到有取代他的人在威胁他。国内物价上涨使他坐卧不安，捐税猛增也在引起人民的不满，他又敏感到军事危机。为了扭转视线，他有意在中印边境制造事端。

1962 年 7 月 22 日，我国政府就印度军队入侵我国新疆奇普临普河谷地区并向我边防哨所发动武装攻击一事，提出最严重最强烈的抗议。

1962 年 9 月 21 日，我国政府就印度军队在扯冬地区打死打伤我边防军官兵事件，向印度政府提出最严重最强烈的抗议。

1962 年 10 月 20 日，印度军队自中印边界东西西段同时向中国发动大规模的武装入侵。中国部队在多次警告无效、忍无可忍的情况下被迫武力还击。很快粉碎了印度的进攻，保卫了我国的边防。11 月 21 日，中国政府发表声明，重申：中印边界问题必须通过和平谈判来解决。并宣布从 22 日零时起中国边防部队在中印边境全线停火。从 12 月 1 日起，中国边防部队即从 1959 年 11 月 7 日的中印双方控制线后撤 20 公里。随后，中国政府还主动把缴获的印度军队的武器弹药和其他军用物资全部交还印方，释放和遣返了全部被俘的印度军事人员。

11 月 8 日，中国政府照会印度政府，严重抗议印方迫害华侨。

11 月 24 日，中国外交部照会印度驻华大使馆，强烈抗议印度政府对华侨的空前残暴迫害行动。

12 月 18 日，中国外交部照会印度驻华大使馆，再次严重抗议印度政府迫害华侨，并决定派船只前往印度，接回愿意返回祖国的华侨。

贾瓦哈拉尔·尼赫鲁已心衰力竭了，但他仍无意退位，1963 年底，他抄录了罗伯特·弗罗斯特的四句诗，提醒自已还有路要走。这四句诗是：这森林既可爱又幽深，可我曾答应过，在安息之前再走它一程，在安息之前再走它一程。

1964 年 1 月，国大党在奥王萨邦布巴内斯瓦尔召开年会，贾瓦哈拉尔·尼赫鲁病态加重，他中风之后出现左偏瘫，步履维艰，经常要坐着讲话，而且口齿不清。但是他仍很乐观，他不相信自己的生命会结束得那样快。这时，他突然对星相学产生了兴趣。尽管他深受西方教育从不对事物产生迷信，但现在不然。他同意内政部长南达的星相顾问为他观星算命。星相顾问告诉他可以采取行动来延长生命。于是，他张罗了 50 个祭司在首都郊外一座寺庙内为其念经。过了一段时间，病情日益加重，南达的星相顾问预言他活不过 5 月。于是，他把念经又推向高潮，从 1 月 26 日一直念到 4 月 2 日。单单“战胜死亡之歌”就念了 42 万 5 千遍。

这期间，贾瓦哈拉尔·尼赫鲁心情唯一能得到安慰的是女儿英迪拉·甘地当上了国大党主席。她已经成为仅次于他的人物。贾瓦哈拉尔·尼赫鲁曾说过“我的英迪拉既是我的女儿，又是我的同志、我的领导，我感到骄傲。”这是他很久之前的愿望。他一直把对女儿的培养和提拔放在心上，还在英迪拉的孩提时代，贾瓦哈拉尔·尼赫鲁就在监狱里用书信体裁给她写了洋洋数十万言的历史知识材料，对她进行启蒙教育。以后又送她到泰戈尔主办的印度国际大学和英国牛津大学等高等学府深造。印度独立后，他经常带女儿参加国内外重要活动，广交党政要员，锻炼工作本领，有时还让其代表自己出国访问。

1964 年 5 月 26 日，贾瓦哈拉尔·尼赫鲁感到周身不适。次日清晨 6 时醒来后，下腹部等处疼痛难忍。半小时后大夫赶来时，已经昏迷不醒，奄奄一息。一位大夫主张开刀手术，但一时无人做主，未敢轻举妄动。27 日下午 1 时 40 分，贾瓦哈拉尔·尼赫鲁的心脏停止了跳动，时年 75 岁。他的床边仍放着他抄录的罗伯特·弗罗斯特的四句诗：

这森林既可爱而又幽深，
可我曾答应过，
在安息之前再走它一程，
在安息之前再走它一程。

印度全国为贾瓦哈拉尔·尼赫鲁举行了 12 天的哀悼活动，世界各地的友好国家也为他的去世发去唁电、唁函并不同层次地举行了哀悼会。葬礼仪式于 28 日举行，大约 300 万人给他送葬。下午 4 时，在圣雄甘地的火葬处不过 300 码的地方，贾瓦哈拉尔·尼赫鲁的小外孙——英迪拉·甘地的次子桑贾伊·甘地点燃了柴火堆，这样，这位当代印度的名震遐迩的总理在熊熊的烈火中消逝。

早在 1954 年 6 月 21 日，贾瓦哈拉尔·尼赫鲁就留下遗嘱，要将他的骨灰的一小部分送往他的故乡。阿拉哈巴德城，在那里洒入生养他的恒河，让它随着恒河的圣水流入大海，冲刷印度的海岸。骨灰的大部分则用飞机装载，升上蓝天，飘洒在原野上，使它成为与印度大地不可分割的一部分。

在印度人民的心目中，这位民族英雄、印度民族独立运动的伟大领袖永远和他们在一起。

评　鉴

贾瓦哈拉尔·尼赫鲁是一位蜚声国际的印度政治家。在印度民族解放运动风云变幻的峥嵘岁月里，他满怀着爱国主义、民族主义的激情，积极投身于为民族解放而奋斗的事业，而且他同甘地一起卓有成效地领导并实现了印度的民族独立革命，他把印度这个历史上从来没有统一的国家统一起来，不能不说是一个奇迹。这虽然是历史的产物，但是推动历史前进的还是人的因素。是他第一个提出“印度完全独立”的口号，这使印度民族解放运动终于摆脱了困境，这在相当一定的程度上远远超过了圣雄甘地。在他出任印度总理 10 多年的时间里，谁也不会否认他为印度的发展和进步付出艰辛的代价和所取得的丰硕成果。他亲手制定的印度民族经济发展战略和积极倡导的不结盟外交政策，不仅巩固了印度的经济和政治的独立，而且也不断提高了印度的国际影响。

贾瓦哈拉尔·尼赫鲁事业的成功，应该说有多方面因素。家世、家境和家教的影响是他成功的奠基。祖辈的高官厚禄虽不可遗传，但其影响是巨大的。父亲的精力、勇气和聪明在时时激励着他。优越的家庭环境，赋予他得天独厚的学习良机，得力的家教引导，又使他如鱼得水。布鲁克竭力灌输的西方古典文学、神智学、自然科学等知识，使他提高了读书兴趣。指导他阅读欧美大文豪的著作，使他“开辟了冒险的新天地”。特别是神智学使他在宗教问题上开了窍，激发了他有意研究印度教哲理和学习《奥义书》和《薄伽梵歌》等名著的兴趣。另外还有潘迪特老师指导他学习印地文和梵文。这一切，都为他日后登攀知识高峰和从事政治、经济等活动铺下了最初的基石。应该指出的是，贾瓦哈拉尔·尼赫鲁对于事物的感受力和鉴赏力从少年时代就比较惊人。不满10岁，他就感受到外族统治的苦难，尽管过着安闲舒适的生活，但英国的殖民统治使他反感。“我梦想着勋绩，我拿着剑，为印度而战，为印度的自由而效力”并不是他空喊的口号。特别对待父亲，他既敬佩而又反感。他敬佩他的精力、勇气和聪明，但反感他的过于推崇西方的种种表现，他是一个善于观察和思考问题的小精灵。

英国留学7年，这里不仅使他学到了广泛而实用的书本知识，更重要的是他在政治上有了真正目标和产生相当的动力。尽管在幼年时他就有“梦想着勋绩，我拿着剑，为印度而战，为印度的自由而效力”，但真正的动力则是从这个时候开始的。他成了“东西方奇异的混合物”，“观点多与英国人相同”，“而且差不多是以一个外国批评家的身份来认识印度的”足以表现出他的进步。这段时间，确实是他民族思想渐趋成熟的时期。童年时代那种朦胧的对异族统治的反感，这时变得明朗起来，他自己也感觉到“民族主义思想充满了他的胸怀”。这里当然是世界民族运动的影响，他有着印度激进派领袖提拉克的感召。

影响贾瓦哈拉尔·尼赫鲁最核心的人物是圣雄甘地。接触甘地之后，贾瓦哈拉尔·尼赫鲁便觉得自己变成了一个“纯粹的民族主义者”。他对甘地的出现评价为“像一股强劲的新鲜气流”，“一道亮光”和“一阵旋风”，“一听到甘地的话，就立刻被一种神圣的热情所深深感动。”但是必须指出的是他的阅历和丰富的知识结构是甘地所不及的，他所推行的“印度完全独立”的战略，甘地直到告别这个世界似乎还不完全清楚。他是在遭到暗杀后在“神啊，神啊！”的呼叫声中离开这个世界的。

贾瓦哈拉尔·尼赫鲁事业的成功是有着复杂的社会和阶级背景的。家庭环境、个人素质仅是一个方面。必须看到，印度，它毕竟是一个有着几千年封建文化的社会，崇拜英雄人物是天经地义的。贾瓦哈拉尔·尼赫鲁有着超富豪的家庭生活，特别是还拥有那富丽堂皇的极乐轩，但他竟能抛弃这些投身民族解放运动而且9进9出监狱，在印度人民心目中无疑是位了不起的英雄。另外，圣雄甘地又指定他作为自己的继承人是他的又一笔巨大政治财富。圣雄甘地祖、父两辈曾是小土邦的宰相，他本人是伦敦大学法律系高材生。他在南非倡导反对歧视印度人的请愿活动极为出色，他多次被捕入狱，但从不顾及个人得失，他终于使南非当局作了让步，早已是轰动印度国内外的显赫人物。回国后，他极力推行非暴力不合作运动，在印度人民心中又对他寄托着希望，在这一过程中，他多次被捕入狱，这在印度人心中简直是英雄中的英雄。人们把贾瓦哈拉尔·尼赫鲁称为甘地的“精神儿子”、“高足”。这在很大程度上，确保了领袖的宝座。另外，贾瓦哈拉尔·尼赫鲁非常喜欢接近群众，他经常到处演讲，他的演讲兴趣是从英国留学时就延续下来的。这一群众基础也很重要。除此之外，更重要的是贾瓦哈拉尔·尼赫鲁比其他印度资产阶级领袖更有远见。那就是他能顺应印度发展的历史潮流，他代表了资产阶级的根本利益和长远利益。比尔拉财团的首脑C·D·比尔拉早在1936年就认定贾瓦哈拉尔·尼赫鲁是一位卓越的领导人，说他几乎是近似于天才的人物。从1952年起，每年尼赫鲁的生日，他都送去一大笔钱作为贺礼。贺礼的数目为贾瓦哈拉尔·尼赫鲁年龄的1000倍加一个卢比。贾瓦哈拉尔·尼赫鲁担任总理期间，每逢C·D·比尔拉约见，他总是在早晨上班前在家里盛情接待。贾瓦哈拉尔·尼赫鲁任命过6位财政部长，都是工商业的巨头所能够接受的。工商界对政府所提出的种种意见，政府都能认真考虑并采纳。

我们是马克思主义者，对于任何事物，任何个人，都必须历史地、全面地来衡量。贾瓦哈拉尔·尼赫鲁尽管历尽艰辛完成了印度民族独立革命，进行了国内经济改革，也倡导了不结盟运动，对世界和平作出了贡献，但他毕竟是一个资产阶级代表人物，他本身存在着不可回避的局限性。

贾瓦哈拉尔·尼赫鲁的“土改”政策毫无疑问是不可能根本改变印度的封建土地关系。再说，根据印度的宪法，土地立法不属于中央议会而属于邦议会的权限，国大党的邦议员大约有半数为地主，他们对土地的态度是可想而知的。通过“土改”，穷苦农民仍然被压在社会的低层，而地主则仍然骑在他们头上作威作福。据印度经济学家M·A·丹特瓦拉统计，地主夺回的佃地，1946年——1956年11年间，超过以往100年的总和。

贾瓦哈拉尔·尼赫鲁倡导的所谓社会主义，它没有可能实现改善绝大多数人民福利的目标。美国宾夕法尼亚大学教授弗·R·弗兰克尔在她所著的《1947—1977年的印度政治经济：渐进革命》一书中评述了印度“第三条道路”无论是生产还是分配，没有解决印度的根本问题。工业化的效果比预料的小得多，农业生产长期不足，必需品匮乏，物价上涨，贫富悬殊。上述女教授《印度总理的六千日》一书，给这位总理的两个半五年计划算了一笔收获账，即：国民收入增加42%，工业生产增加94%，农业生产增加41%，其中粮食增产46%，人均收入达到331卢比。与此同时，外债达到205亿卢比，城市寻职人数从32万8千上升到250万。

《印度教徒报》1963年3月12日报道说：政府实行计划经济12年后承认，计划的执行帮助了富人而没有使穷人得益。

贾瓦哈拉尔·尼赫鲁后期的内政也矛盾重重。1962年大选以后，当时的马德拉斯邦首席部长卡马拉季提出了一个计划，要刷新党组织，重点是建议国大党主要人员应自动辞职去从事党务，卡马拉季和其他一些邦首席部长已经秘密接头，讨论贾瓦哈拉尔·尼赫鲁的继承人问题。贾瓦哈拉尔·尼赫鲁开始不同意卡马拉季计划，但他周密考虑后又表示同意，因为他想利用这个计划。8 月 8 日，国大工作委员会正式通过了卡马拉季计划，贾瓦哈拉尔·尼赫鲁率先提出辞职，但是在他意料之中，他是必将受到挽留的。两天后，几乎全体中央部长和邦首席部长都提出了辞呈，由贾瓦哈拉尔·尼赫鲁决定去留。24 日，贾瓦哈拉尔·尼赫鲁宣布了留职人员名单，中央各部长和邦首席部长只有一半留任。贾瓦哈拉尔·尼赫鲁一再解释“这次改组没有包藏什么祸心”，“不是用来搞掉谁的”。1964 年 1 月，在贾瓦哈拉尔·尼赫鲁的授意下，卡马拉季当上了党主席，这便是他的称心人物。同时，他又建议修改党章，把国大党议会党团领袖的副职降格，由一人充任，改为议会两院各设一人,从而使该副职在议会党团领袖即总理出缺时,失去了自动继承的可能性,这是在为英迪拉接班铺平了道路。

贾瓦哈拉尔·尼赫鲁在他的国际事务中也随之出现裂缝，特别是在邻国的关系上时常陷入困惑。包括前文叙述的中印边境冲突等诸多问题。

如何评价贾瓦哈拉尔·尼赫鲁的一生，那是研究不尽的历史课题，但他对自己的评述，也基本上趋于公允：

“我跟成千上万的同胞一起共同经历过这些沉浮变迁，而这种时而兴高采烈，时而意志消沉，时而积极活动，时而被迫过孤独生活的这种经历，是我们大家共同的情形。我是群众中的一员，跟着群众跑，有时左右群众，也受了群众的影响，可是我也像其他人一样，是一个人，在群众中过我独自的生活。我的姿态做得太多了，可是在我们所做的事情中也有许多真实之处，这就是我们超出卑微的自我，使我们更有力、更重要。有时我们很幸运，由于企图使理想跟行动相适应而感到生活的充实。我们认为其他任何生活，如果否认这些理想，驯服地服从强力，那么这种生活就是一种白费了的无意义的生活，充满了不满和内心的悲哀。”

“实际上，我常常怀疑我是否代表任何人，我以为我不代表任何人，虽然许多人对我很客气，很亲热。东方和西方思想在我身上很奇怪地混合在一起，我在任何地方都感到不适合，没有一个地方感到自在。也许我的思想和对生活的看法接近西方多，接近东方少，可是印度在各方面影响我，像对她的所有儿女一样；并且我还有若干代婆罗门的下意识的、民族的回忆作背景。我不能摆脱过去的遗产和新近学得的东西，它们都是我的一部分。它们虽然在东方和西方对于我都有益，可是不仅在公共活动中，而且在生活中，使我在精神上产生一种孤独的感受。我在西方是一个陌生者，一个外人，我不可能是西方人。可是在我自己的国家里，我有时也有一种流亡者的感觉。”

“上帝教我们劳动，却不让完成我们的工作。”贾瓦哈拉尔·尼赫鲁带着这句话离开了这个世界。